Antwort auf Sebastian Fitzeks „Die Einladung" und weitere Lesermails

Von Christian Schwochert

© **2023 Christian Schwochert**

ISBN Softcover: 978-3-384-05911-6

Druck und Distribution im Auftrag des Autors:
tredition GmbH, Halenreie 40-44, 22359 Hamburg,
Germany

Vorwort:

Liebe Leser,

eigentlich wollte ich nach dem Buch "Antwort auf Richard David Prechts 'Von der Pflicht' und weitere Lesermails" kein zweites Werk dieser Art schreiben, aber als ich das Interview las welches Sebastian Fitzek den Leuten vom BVG-Heft gab und als mit sein neuer Roman "Die Einladung" so gut gefiel, konnte ich einfach nicht anders und setzte mich an den Computer. Herausgekommen ist eine zugegeben sehr lange E-Mail an meinen berühmten Schriftstellerkollegen. Und da es sich im Laufe dieser Zeit zufällig so ergab, kamen noch ein paar weitere Mails zu anderen Themen hinzu. Der Kern dieses neuen E-Mailbuches ist jedoch das Schreiben an Herrn Fitzek.
Aber auch andere wichtige, aktuelle Themen unsere Zeit spielen eine Rolle.
Doch ich möchte Ihnen nicht zu viel verraten und wünsche Ihnen stattdessen viel Spaß beim lesen.
Auf ein Nachwort wird in diesem Buch verzichtet; stattdessen gibt es am Ende ein paar nette Buchtipps.

Mit freundlichen Grüßen
Christian Schwochert

P.S.: Der Fitzek betreffende Teil des Werkes geht von Seite 4 bis Seite 60.

Sehr geehrter Herr Fitzek,

mit großem Interesse habe ich Ihr neues Buch "Die Einladung" gelesen. Dabei handelt es sich um ein spannendes, hervorragendes Werk. Da ich ein sehr schneller Leser (und auch ein recht schneller Schreiber) bin, war ich mit dem Buch ruck-zuck durch. Das ist immer ein gutes Zeichen und ein Beleg, dass der Autor sehr flüssig schreiben kann. Ein tolles Buch. Danke das Sie uns Leser damit erfreut haben. Zwar sind 24,00 Euro ganz schön viel, aber es hat sich auf jeden Fall gelohnt dieses Geld in Ihren Roman zu investieren. Ein wenig musste ich beim lesen an den Film "Faces in the Crowd" aus dem Jahr 2011 mit der wunderbaren Milla Jovovich denken. Auch darin geht es um eine Heldin mit Gesichtsblindheit und entsprechend sah Ihre Marla Lindberg für mich beim lesen vor meinem inneren Auge aus wie das gute Fräulein Jovovich. Wenn Ihr Roman einmal verfilmt wird (was ja angesichts der Serie über "Die Therapie" nicht auszuschließen ist), sollten Sie versuchen Milla Jovovich für die Hauptrolle zu gewinnen. Sie hat ja für "Resident Evil" und andere Filme bereits in Berlin gearbeitet. Der Vater von einem Kumpel war damals sogar bei den Dreharbeiten dabei, als sie u.a. beim U-Bahnhof "Bundestag" tätig waren. Im "Resident Evil"-Film erkennt man die Bahnhofsumgebung gut wieder. Nach den Dreharbeiten ist die Truppe in ein nahegelegenes Lokal gezogen und hat nett

4

zusammen gegessen. Der Bahnhof "Bundestag" war gut gewählt; er sieht genauso scheußlich aus, wie man sich die unterirdischen Bauwerke eines verbrecherischen Großkonzerns wie der "Umbrella" vorstellt. Obendrein ist er auch noch ziemlich überflüssig und wird kaum von den Leuten genutzt. Eines von vielen Neubauprojekten in Berlin, bei denen man sich fragt: "Warum?"

Aber bleiben wir erstmal bei Ihren Werken, verehrter Herr Fitzek: Ich erinnere mich noch gut daran, wie ich mit meinem guten Freund Wolfgang das Theaterstück von "Die Therapie" besuchte. Es hat ihm ebenso gut gefallen wie mir. Guter Gott, dass muss jetzt um die vier oder fünf Jahre her sein; um ehrlich zu sein erinnere ich mich nicht einmal mehr an den Namen des Theaters, da Theater in der heutigen Zeit generell dazu neigen Literaturvorlagen "neu zu interpretieren"; also völlig zu verhunzen!

Als ich ebenfalls mit Wolfgang ein Theaterstück über Theodor Fontanes "Effi Briest" sah, war das einfach nur grottenschlecht. Mal ehrlich: Wer will neumodische Selbstgespräche von Effi Briest auf dem Klo sehen?! Wer will so einen Mist?!

Als Rache besorgte ich mir dann gleich mehrere Bücher von Fontane (u.a. seine Effi). Wenig überraschend war das Buch besser als das Schrottstück :-).

Gewiss freut es Sie zu hören, dass das Theater Ihr Buch bei der Aufführung nicht verhunzt hat. Es war sehr gut und werkgetreu, was für die Zuschauer das

Wichtigste ist. Ich meine, niemand will Eintritt bezahlen um zu sehen wie gute Geschichten verhunzt werden. Deswegen floppen derzeit so ziemlich alle Marvel-Filme und das neue Disney-Schneewittchen geht einem schon auf den Geist mit Absurditäten bevor der Film richtig raus ist. Ich meine, man hat aus den sieben Zwergen einfach "sieben magische Wesen" gemacht und das angeblich um Kleinwüchsige nicht zu diskriminieren. So ist Disney also heutzutage; um Liliputaner nicht mehr zu diskriminieren, gibt man ihnen einfach keine Arbeit mehr (im Übrigen empfinden die Kleinwüchsigen die ich so kennengelernt habe, entgegen dem was medial behauptet wird, die Benennung nach Figuren aus einem Roman nicht als diskriminierend und ganz ehrlich: Mich hat man als weißen Deutschen an einer "vielfältigen" Schule schon Schlimmeres genannt!). Bescheuert, aber eigentlich auch logisch, denn es kann sich ja keiner bei der Arbeit diskriminiert fühlen, wenn er gar keine Arbeit hat! Dem Fass die Krone aufsetzen tut Disney allerdings damit, dass eine andere Firma jetzt offenbar einen sinnvollen Schneewittchenfilm herausbringen möchte und Disney will diese kreativen Menschen einfach verklagen. Damit werden sich die Disneybosse wohl kaum bei den Filmfans beliebt machen. Ich habe ja an sich nichts dagegen, dass man Schneewittchen mal neu interpretiert; habe das ja in meinem Roman "Schneewittchen die

Vampirjägerin" selbst mal getan. War zwar nicht so erfolgreich wie meine "Kaiserfront Extra"-Romane, aber die Leser fanden es lustig.

Aber wie Disney alte Meisterwerke und deutsche Märchen nimmt und sie im Sinne des derzeitigen Zeitgeistes vermurkst, ist einfach untragbar. Sollte Ihr Buch "Die Einladung" also einmal verfilmt werden, achten Sie darauf, dass es ein guter Regisseur macht, der es werkgetreu umsetzt und nicht verhunzt.

Tja, was gibt es sonst noch zu berichten? Nun, da ich Sie schon einmal anschreibe möchte ich gerne all das berichten was mir so einfällt. Zum Beispiel habe ich Sie mal in einer MDR-Sendung gesehen; "Riverboot" war es glaube ich, aber nageln Sie mich nicht darauf fest. Guter Auftritt; wollte eigentlich an dem damaligen Sonntag losgehen, bin dann aber extra geblieben, denn wie oft sieht man schon Sebastian Fitzek im Fernsehen? Noch dazu mit einem Prinzen aus einem alten deutschen Adelshaus, der über die Geschichte seiner Familie während der vorletzten Diktatur auf deutschem Boden berichtete. Wollen wir hoffen, dass er und ich es noch erleben, dass wir alle in einem freien Land leben, in dem man nicht wegen Meinungsdelikten verhaftet und vor Gericht gezerrt wird.

Und damit kommen wir nun leider zu dem Teil, der mich ein wenig gestört hat. Nämlich zu Ihrem Interview mit der BVG. Daraus ging hervor, dass Sie ebenso wie ich in Berlin leben. Wenn Sie Interesse haben, können wir uns also gerne mal irgendwo treffen und uns von Autor zu Autor mal austauschen. Was mir jedoch nicht so recht behagt hat war Ihr positives Bild im Bezug auf die BVG und auf Berlin. Ich weiß nun nicht ob Sie wirklich in Berlin leben und tatsächlich oft mit der BVG unterwegs sind, aber irgendwie deckt sich Ihre Erfahrung so gar nicht mit dem was ich in Berlin und im Besonderen in den öffentlichen Verkehrsmitteln erlebe. Die Stadt ist vielerorts zugemüllt und zugeschissen. Der ehemalige Bürgermeister Klaus Wowereit meinte mal, Berlin sei "arm aber sexy". Ja, ich glaube es war Wowereit, der diesen Satz geprägt hat. Das und "Ich bin schwul und das ist auch gut so." Leider waren diese beiden Sätze das einzig Nennenswerte was er während seiner Amtszeit geleistet hat. Positiv anmerken muss man jedoch, dass es zumindest in der ersten Regierungszeit noch soziale Internetcafes in Berlin gab, wo Arbeitslose kostenlos ins Weltnetz gehen konnten. Dort habe ich meinen Kumpel Matthias kennengelernt. Leider gibt es solche Cafes inzwischen nicht mehr; das welches wir in der guten, alten Zeit (also vor 2015!) besuchten, ist auch weg. Kurz gesagt: Wowereit war kein besonders guter Bürgermeister, aber unter seiner Herrschaft haben sich die Zustände immerhin nicht verschlimmert. Das ist schon mal, im Vergleich zu vielen seiner Kollegen, doch irgendwie eine Leistung! Aber in dieser Stadt wird es schlimmer und schlimmer. Denken Sie an die absurd fehlerhafte vorletzte Wahl in Berlin, bei der selbst Bananenrepubliken über uns gelacht haben dürften. Und daran wie die Berliner aus Frust einen CDUler zum Bürgermeister gewählt haben. Einen der die Wahl gewann, indem er so tat als ob er die Sorgen der Menschen verstanden hätte.

Durch Kai Wegner wurde die Berliner CDU klarer Gewinner der Berlinwahl 2023. Sie punktete mit Themen, welche die Union anderswo der AfD überlassen hat. Dafür war vor allem ihr Spitzenkandidat und jetziger Bürgermeister Wegner verantwortlich. Im multikulturellen Problembezirk Neukölln will der 50jährige angeblich "den Dominanzanspruch durch den politisch-fundamentalen Islam klar zurückzuweisen". Das christliche Kreuz auf dem wiedererrichteten Berliner Stadtschloss ist für ihn eine "Geste historischer Authentizität", sagte er vor der Wahl. Der Mann gendert nicht. Das ZDF zitierte ihn zwar mit dem Satz: "Die Berliner*innen haben uns, mir, das Vertrauen gegeben." Aber das war eine dreiste Manipulation. Tatsächlich hatte er sich an die "Berlinerinnen und Berliner" gewandt und eben gerade nicht an "Berliner*innen". Kein Wunder, dass Berlins multikulturelle SPD-Ikone Sawsan Chebli (44) Gift und Galle über seinen Wahlerfolg spuckte. Die "Bild"-Zeitung zitierte sie meinen Informationen zufolge mit dem Satz: "Das Ergebnis in Berlin zeigt auch: Den Leuten sind die hässlichen rassistischen Ausfälle der CDU als Reaktion auf die

Silvesternacht einfach total egal." Sie erinnern sich gewiss noch daran, wie in unserem "bunten" Berlin auf Polizisten geballert wurde. Eine von vielen Folgen verfehlter Einwanderungspolitik, die wir jetzt derzeit wieder beobachten können, wenn Judenhasser durch Berlins Straßen ziehen und Sachen brüllen für die ein Deutscher gleich verhaftet würde. Aber bleiben wir noch kurz bei Herrn Wegners Wahlsieg. Der linke Bundestagsabgeordnete Lorenz Gösta Beutin sieht laut "Bild" in Berlin kaum noch Unterschiede zwischen CDU und AfD: "Wenn's um rassistische Ressentiments geht, werden Originale von CDU & AfD gewählt."

Das alles war natürlich nur Wahlkampfgerede. Und ich muss Ihnen an dieser Stelle sagen, dass ich wohl niemals mit einem CDU-Politiker Auto fahren würde. Das ist nämlich lebensgefährlich, denn die blinken immer rechts und biegen dann scharf links ab. Vor der Wahl schmetterte Wegner angeblich AfD-Parolen, aber nach der Wahl trat er begeistert beim Christopher-Street-Day auf. Ob ihn die fast nackten Männer gestört haben, die Süßigkeiten an Kinder verteilten? Keine Ahnung; es hat ihn bisher noch kein Journalist danach gefragt.
Wenig überraschend geht es in Berlin weiter wie bisher und für die normalen Bürger gibt es kein Entrinnen vor der wahnwitzigen Politik der Regierenden. Wohin soll man auch gehen, wenn sie

in jedem Dorf und jeder Kleinstadt Asylantenheime aufbauen und Dörfer mit teilweise nur wenigen hundert Einwohnern über Nacht 500 Asylbewerber bekommen. Meistens im Übrigen entgegen der medialen Berichterstattung junge Männer im wehrfähigen Alter. Eigentlich sollte klar sein, dass das Probleme gibt, aber die Politiker der machthabenden Parteien interessiert das nicht. Logisch, ist ja nicht deren Problem. Die sitzen in ihren schicken Luxusvillen mit eigenem Wachschutz oder haben wie der Bundespräsident sogar ein eigenes Schloss nur für sich und die Partnerin. Die müssen ja nicht mit der BVG unterwegs sein und jeden Tag Angst haben. Angst ausgeraubt oder nur wegen der weißen Hautfarbe abgestochen zu werden! Angst das irgendein Irrer kommt und um sich ballert oder in sie hineinfährt, nur weil er glaubt das sein angeblicher Gott es ihm befohlen hätte. Betrifft die Politiker ja nicht. Früher, ja früher waren die Herrscher für ihr Land und ihr Volk da. Das war unter Friedrich dem Großen so, unter Königin Luise, unter Bismarck und Wilhelm I, aber auch unter Wilhelm II. Friedrich Ebert, ja der Gute hätte gerne die Monarchie behalten; nur eben parlamentarischer wie in England. Hätten wir heute noch einen Kaiser, er könnte es wie der alte Franz Josef machen und seine "Völker vor ihren Politikern" beschützen (wie dieser gegenüber Theodor Roosevelt erklärte). Aber auch in der neueren Zeit hatten wir ordentlich Politiker. Wie Heinrich Lummer, der schon vor

11

Jahrzehnten den multikulturellen Irrtum erkannte und dagegen ein Buch mit dem Titel "Deutschland soll deutsch bleiben" verfasste. Lummer war von 1980 bis 1981 Präsident des Abgeordnetenhauses von Berlin und im Anschluss bis 1986 Senator für Inneres und Bürgermeister des Landes Berlin. Aber hat man auf ihn gehört? Nein, sogar seine eigene Partei ist unter Merkel voll und ganz auf Multikultikurs geschwenkt.

Ich weiß nun nicht ob Sie ein Fan oder Kritiker der multikulturellen Gesellschaft sind. Wäre sicherlich interessant, wenn Sie sich einmal dazu äußern würden. Ich denke nicht, dass der Vorteil Börekzigarellos zu essen den Nachteil aufwiegt, dass jetzt Leute durch Berlins Straßen ziehen und dabei "Hamas, Hamas, Juden ins Gas!" oder "Heil Hitler!" schreien. Ich jedenfalls finde das abartig; will hier aber auch nicht alle Ausländer über einen Kamm scheren. Die Einwanderer die ich persönlich kenne wollen diese Zustände auch nicht. Nun rufen viele Politiker nach Abschiebungen; seltsamerweise erst nachdem in Israel tausende Juden feige ermordet wurden. All die Deutschen, die in den letzten Jahren in Deutschland ermordet wurden, haben die machthabenden Politiker nicht zu "Abschiebung!"-Rufern werden lassen. Für die Juden gibt es nun wenigstens Lippenbekenntnisse. Verstehen Sie mich nicht falsch, ich mag die Juden und auf jeder patriotischen Demo auf der ich bisher war konnten Juden problemlos mit Kippa und Israelfahne mitmarschieren. Aber natürlich regt sich da ein bisschen der Neid, weil die Politiker nun so tun als ob die Sicherheit der Juden in Deutschland sie interessiert. Wohlgemerkt, sie tun nur so als ob. Das ausländischstämmige Judenhasser massenhaft abgeschoben werden sollen glaube ich erst wenn es passiert. Im Übrigen wird seit Jahrzehnten (siehe Lummer) auf die negativen Folgen der Multikultipolitik hingewiesen und es wird entweder ignoriert oder kurz vor wichtigen Wahlen wird etwas Blendwerk für die Wähler abgeschossen.

Klar, natürlich geht den Altparteien der Arsch auf Grundeis weil die AfD so hohe Wahlergebnisse erzielt. Die AfD hat im Übrigen eine doch ziemlich unvollständige "Einzelfallkarte" veröffentlicht. Sie können gerne mal reinschauen:
https://www.afd.de/einzelfallticker/
Nun bin ich weiß Gott kein Fan der AfD, aber das ist eben die einzige Partei, die sich überhaupt für diese "Einzelfälle" interessiert. Bevor ich jedoch zu einem weiteren Riesending komme das mich an der Politik stört, möchte ich Sie etwas fragen:

Gewiss fragen Sie sich, warum Herr Schwochert Ihnen das alles erzählt?!

Ganz einfach: Weil Prominente wie Sie eine wichtige Rolle in unserem Land spielen. Und weil Prominente etwas für die Freiheit in unserem Land tun können. Denken Sie an Jan Josef Liefers und die Erklärung, die er und viele andere in Sachen Corona und Meinungsfreiheit abgegeben haben. Die Aktion

"#allesdichtmachen", an der er teilnahm, kritisierte die Coronamaßnahmen und half dabei den immer enger werdenden Meinungskorridor etwas zu öffnen. Letzten Endes waren es Promis wie Liefers (und auch Nena, die klare Kante zeigte), die die Politiker dazu nötigten die Coronamaßnahmen zu beenden. Nur weil Leute aus der Mainstreamprominenz ausbrachen und gegensteuerten, änderte sich ein bisschen was zum Besseren. Wenn nun Schriftsteller wie Sie Position gegen die negativen Entwicklungen in unserem Land beziehen, wäre das eine große Hilfe und könnte dazu beitragen, dass unser Land wieder sicher wird.

Um Ihnen zu zeigen, dass es gute Gründe gibt, zähle ich Ihnen nun ein paar Fälle auf, wo Menschen unter den Folgen einer völlig verfehlten Politik unserer Pseudoeliten zu leiden haben. Wie in den "Detektiv Conan"-Mangas liste ich sie nacheinander auf:

Fall 1: Liefers mit seiner DDR-Erfahrung wusste schon, warum er bei dieser Aktion mitmachte, denn ein Anzeichen für ein gegen das eigene Volk gerichtetes System ist es, wenn die Justiz nicht mehr nach Recht und Gesetz urteilt, sondern sich als Vollstrecker der jeweiligen Regierungspolitik erweist und damit das Recht beugt. So wurde eine unbescholtene Ärztin dafür zu einer Haftstrafe von zwei Jahren und neun Monaten verurteilt und mit Berufsverbot belegt, weil sie in den Jahren

2020/2021 Atteste ausgestellt hatte, ohne die Patienten persönlich zu untersuchen. Das geschah zu einer Zeit, in der Krankschreibungen telefonisch erfolgten. Man warf der Medizinerin aus Oberbayern einfach vor, sie hätte falsche Atteste ausgestellt. Selbst wenn das stimmt; hat sie denn irgendwem geschadet? Wohl kaum. Vergewaltiger und sogar Kindesentführer bekommen Bewährungsstrafen, aber wehe jemand widerspricht der vorherrschenden Ideologie. Im Falle der Coronapolitik war das die Panik vor einem Virus, wegen der Millionen Menschen genötigt wurden Masken zu tragen, Verwandte nicht zu besuchen und sich impfen zu lassen. Letzteres hatte enorme Folgeschäden bei zehntausenden Menschen. Googlen Sie mal nach den Impfschäden, Sie werden schockiert sein. Müssen die Politiker, die uns in unseren Wohnungen einsperrten, Polizisten mit Wasserwerfern auf friedliche Demonstranten feuern ließen und viele Kinder durch die Maßnahmen in ihrer sozialen Entwicklung behinderten, dafür vor Gericht? Nein, aber eine Ärztin, weil sie angeblich falsche Atteste ausstellte wird angeklagt und weggesperrt.

Fall 2: Da ich hier bereits über Vergewaltiger gesprochen habe, die Bewährung bekommen, sollte ich auch einmal solch einen Fall auflisten: Die "Welt" berichtete über ihn; hier der Link:
https://www.welt.de/politik/deutschland/video24673

1966/Nach-Bewaehrungsstrafe-fuer-Vergewaltiger-Wird-schwerfallen-hier-integrierten-Menschen-zu-erkennen.html
Dort heißt es: "Ein Afghane belästigt über Jahre hinweg junge Mädchen, sein jüngstes Opfer vergewaltigt er. Der Mann erhält lediglich eine Bewährungsstrafe."

Aber wenn er angeblich falsche Atteste ausgestellt hätte, ja dann wäre er dran gewesen!

Ganz ehrlich: Mein lieber Herr Fitzek, wenn es die Täter in Ihren Romanen wirklich gäbe, dann würden sie entweder Bewährungsstrafen bekommen oder als "Schuldunfähig" eingestuft werden. In dem Fall landen sie eine kurze Zeit in der Klapse und bekommen dann Freigang, wo sie wieder Amok laufen.

Fall 3: So geschah es dieses Jahr in unserem einstmals schönen Land! Wie die "Bild" berichtete, bescheinigten Ärzte dem "Messer-Killer Ahmad N. (33) in der PZN-Klinik für Forensische Psychiatrie und Psychotherapie zuletzt 'Therapiefortschritte'". Und dann? Dann flüchtete er "bei einem von Pflegekräften begleiteten Freigang auf dem Klinik-Gelände" und "erstach Zufalls-Opfer Lisa S. (30) in einem Geschäft."

Hier der Link zu dem Fall:
https://www.bild.de/regional/frankfurt/frankfurt-aktuell/psychiatrie-patient-toetete-frau-warum-

stimmten-aerzte-dem-freigang-zu-
85367796.bild.html
Es ist nicht auszuschließen, dass der Killer
irgendwann wieder Freigang bekommt und dann
wieder mordet. In diesem System, in dem
Verbrecher geschont und Regierungskritiker wie
Superschurken behandelt werden, ist alles möglich.

Fall 4: In Gelsenkirchen begehen seit Monaten 13
bis 15jährige Banditen eine schwere Straftat nach
der anderen. Bis zum 6. Februar 2023 sind 117 Fälle
der Polizei bekannt geworden. Häufig geht es um
Raubüberfälle auf Gleichaltrige, denen
Kleidungsstücke, elektronische Geräte und Bargeld
abgenommen wird und die zudem in vielen Fällen
geschlagen, bedroht und gedemütigt wurden. Die
jugendlichen Kriminellen sind dabei sogar
bewaffnet. Einmal setzten sie einen Hammer ein.
Darüber berichtete immerhin die "WAZ".
Überregionale Medien interessierte der Fall kaum.
Die Räuber sind übrigens genauso multi-kulturell,
wie es halb Gelsenkirchen ist. Einer der Haupttäter,
ein 15-jähriger Pole, wurde jetzt von der Polizei
verhaftet. Die Taten werden in den Medien
überregional gar nicht und regional nur mit
abgeschalteter Kommentarfunktion erwähnt. Die
teils türkische, teils arabische, teils osteuropäische
Herkunft der Jugendbande wird totgeschwiegen.
Was sich da in Gelsenkirchen breitgemacht hat,

17

geschieht anderenorts mit zwei oder drei beteiligten Tätern und Opfern und landet in keiner Statistik. Das Abziehen jüngerer oder gleichaltriger Jugendlicher ist für sozial deklassierte Migrantenkinder ein Volkssport. Davon konnte ich während meiner eigenen Schulzeit ein Lied singen. Nur lief das damals anders ab. Kurz zusammengefasst war das folgendermaßen:

Der Kolonist sagte: "Ey, gib mir zehn Euro oder ich stech dich ab."

Ich entgegnete laut: "Dann stich mich doch ab! Immer noch besser als weiter in dieser scheiß Welt mit Leuten wie dir leben zu müssen! Sterbe ich, komme ich in den Himmel und du in die Hölle!" Danach haben die mich in Ruhe gelassen, aber ich denke mal vielen einheimischen Kindern wird es heutzutage noch intensiver als zu meiner Kindheit aberzogen sich zu wehren. "Nur nichts eskalieren lassen", sagen die ach so klugen Pädagogen immer. Ist man aber nicht bereit sich zu wehren und es zur Not eskalieren zu lassen; ist man nicht bereit für das was einem wichtig ist zu sterben, dann verliert man immer und ist stets der Prügelknabe. Meine Oberschule hatte übrigens einen Migrantenanteil von 95 Prozent; nicht alle waren so wie der Penner der mich abziehen wollte, aber es war und ist trotzdem scheiße als Deutscher eine Minderheit im eigenen Land zu sein. Etwas was heutzutage viele deutsche Kinder an sogenannten Brennpunktschulen erleben müssen :-(.

Die Betroffenen wissen sich häufig nicht zu wehren. Ihnen fehlt der Zusammenhalt und die in deutschen Großstädten mittlerweile offenbar notwendig gewordene Kampferfahrung. Gut, die war bei mir auch nicht so recht vorhanden, aber immerhin war die mentale Stärke da sich zu weigern und sich der Abzocke entgegenzustellen. Und zur Not hätte es dann eben eine Schlägerei gegeben; da muss man sich eben durchboxen um seine Ehre zu verteidigen. Ganz ehrlich: Ich wäre lieber draufgegangen, als diesen Leuten auch nur einen Cent zu geben. Und diese Willensstärke muss man haben; das merken die Gegner auch. Diese Banditen wollen Opfer und keine Gegner, die sich wehren. Also MUSS Man sich wehren. Derartige Dinge geschehen oft am hellichten Tage; zum Beispiel direkt nach der Schule. Schläger und Geschlagene kennen sich häufig persönlich, mit der Folge, dass die Opfer aus Angst vor Repressalien darauf verzichten, zur Polizei zu gehen oder Eltern und Schulleitung zu informieren. Eine breite öffentliche Anteilnahme, die ihnen den Rücken stärken könnte, gibt es nicht. Politik und Massenmedien haken die Taten als "Einzelfälle" ab.

Fall 5: Natürlich werden die Täter in Fall 4 nicht viel zu befürchten haben. Selbst wenn sie angezeigt haben, kriegen sie auch nach etlichen begangenen Delikten Bewährung. Regierungskritiker haben für gewöhnlich nicht so viel Glück. Aber selbst wenn die Täter irgendwann mal verhaftet werden und ihnen die Abschiebung droht; vielleicht ist die Polizei dann einfach supernett und fragt sie vorher, ob sie auch abgeschoben werden wollen.

So wie in diesem Fall. In Schwerin kam es vor ein paar Jahren zu einer skurrilen Begegnung: Polizisten fragten einen Iraker, ob er abgeschoben werden wollte. Der Mann sagte wenig überraschend "Nein". Daraufhin gingen die Polizisten wieder. Das war kein Einzelfall. Der Iraker hatte zuvor in einem anderen EU-Land Asyl beantragt, war dort abgelehnt worden und im Anschluss nach Deutschland eingereist. Danach verblieben den deutschen Behörden sechs Monate, um ihn abzuschieben. Der Polizeibesuch erfolgte noch innerhalb dieser Frist, die kurz nach ablief. Jetzt bleibt er natürlich hier. Ein Journalist der "Welt" fragte damals beim zuständigen Innenministerium in Schwerin nach, warum die Polizisten den Mann nicht einfach mitgenommen, sondern die Abschiebung von seiner Zustimmung abhängig gemacht haben. Die Behörde teilte mit, im Falle des Irakers habe eine "Rückführung ohne Sicherheitsbegleitung auf dem Luftweg durchgeführt werden" sollen. Die sei mit dessen Zustimmung voraussichtlich reibungslos möglich gewesen, aber offenbar nicht gegen den Willen des Mannes. Offenbar scheiterte die Abschiebung am Personal: Wäre seine Begleitung auf dem Flug möglich gewesen, dann hätte die

Polizei nicht seine Zustimmung einholen müssen. Ob die Polizei im Falle eines Regierungskritikers auch vorher gefragt hätte: "Möchten Sie verhaftet werden?" Und dann im Falle eines "Nein" auch wieder gegangen wäre?

Fall 6: Nun habe ich viel über Regierungskritiker geschrieben, aber es wird mal Zeit Ihnen einen vorzustellen. Michael Ballweg. Im Juni 2022 nahm die Staatsanwaltschaft Stuttgart Ballweg wegen des Verdachts auf versuchten Betrug, Geldwäsche und Steuerhinterziehung im Zusammenhang mit Querdenken 711 fest. Als Querdenker hatte Ballweg viele Leute um sich gesammelt, mit denen er dann friedlich gegen die BRD-Regierungspolitik demonstriert hatte. Das hat offenbar einigen Leuten nicht geschmeckt und so kam er erstmal in den Knast. "Untersuchungshaft" nennen die das glaube ich. Wenig überraschend war er offenkundig unschuldig, aber man hatte ihn für viele Monate aus dem Verkehr gezogen. Im Oktober 2023 lehnte das Landgericht Stuttgart die Eröffnung eines Hauptverfahrens wegen versuchten Betruges und Geldwäsche ab, da kein hinreichender Tatverdacht bestehe, und ließ nur die Anklage zum Vorwurf der Steuerhinterziehung zu. Ballweg wurde aus der Untersuchungshaft entlassen und sein Vermögen freigegeben. Die Staatsanwaltschaft legte dagegen Beschwerde ein. Zum Vorwurf der

Steuerhinterziehung gibt es noch folgendes zu berichten: Soweit ich das mitbekommen habe, wurde dieser Vorwurf erhoben, während er schon im Knast saß; ohne Handy und ohne Internet. Er konnte also keine Steuererklärung machen und DAS werfen die ihm jetzt ernsthaft auch noch vor. Und da wundern die Machthaber sich dann, wenn man zu dem Schluss kommt, dass es hier darum geht einen Regierungskritiker zum Schweigen zu bringen.

Zu diesem Schluss kann man auch kommen, wenn man sich dieser Tage mit Daniel Halemba befasst. Es ist unglaublich, dass dieser Mann jetzt ernsthaft per Haftbefehl gesucht wird, nur weil man ihm ein Meinungsdelikt vorwirft. Vermutlich steckt mehr dahinter; man will die Opposition schwächen, weil seine Partei zwar ein paar Prozentpunkte hinterm Komma mehr bekommen hat als die Grünen, aber trotzdem eben genauso viele Abgeordnete ins bayrische Parlament entsendet. Wenn der Halemba nicht dabei ist, sind die Grünen um einen Abgeordneten stärker. Ob jetzt für Herrn Halemba jemand nachrücken kann/wird, weiß ich ehrlich gesagt nicht. Sieht aber meines Wissens erstmal nicht danach aus. Kann natürlich auch sein, dass die Machthaber (ähnlich wie eventuell im Fall Ballweg) ein Exempel statuieren wollen. Frei nach Mao: "Bestrafe einen, erziehe hundert".

Eventuell wäre es für Sie als Schriftsteller interessant einmal nachzuforschen, wie viele unserer heute mächtigen Politiker früher in kommunistischen Gruppen als Fans von Mao, Pol Pot und Stalin herumliefen. Sie können ja mal nachforschen; ich nenne hier jetzt keine Namen, aber die Entsprechenden sind leicht zu finden und bekleiden heute hohe Ämter. Aber bleiben wir noch einmal kurz bei Daniel Halemba, denn sein Fall erinnert mich schon an den Fall Ballweg; beide sind Oppositionelle, beide soll(t)en in Untersuchungshaft. Und so eine Untersuchungshaft ist nicht ohne; man verbringt nicht selten mehr als ein Jahr im Knast und das ohne Urteil!

Der Unterschied ist eben, dass Herr Halemba bisher noch nicht verhaftet wurde. Schlauerweise ist er wohl abgetaucht und überlässt einem Anwalt das Reden. Besagter Anwalt brachte dann auch Licht ins Dunkle, denn vorher wusste zumindest meine Wenigkeit nicht was konkret dem Mann eigentlich vorgeworfen wird. Sein Anwalt erklärte auf seiner Webseite folgendes:

Er erklärte, dass gegen seinen Mandanten Daniel Halemba "aus politisch motivierten Gründen aus Wahlkampfzeiten ein Ermittlungsverfahren wegen des Verdachts der Volksverhetzung und des Verwendens von Kennzeichen verfassungswidriger Organisationen geführt" wird. "Nachdem die Staatsschutzpolizei Bayerns in rechtsstaatswidriger Weise Druck auf einen Mitbeschuldigten ausgeübt und mit Haftbefehl gedroht hatte, um ihn so zu einer Aussage gegen die anderen Beschuldigten zu bringen und dieser sich trotzdem nicht dazu hinreißen ließ, gegen die anderen Beschuldigten auszusagen, nahm die bayerische Justiz dies zum Anlass, einen Haftbefehl gegen meinen Mandanten zu erlassen. Nach vorläufiger Würdigung ist an sämtlichen Vorwürfen gegen die Mitglieder der Prager Teutonia nichts dran." Außerdem "besteht jedenfalls gegen den gewählten Abgeordneten Halemba (AfD) keinerlei dringender Tatverdacht." Zu Recht weist der Anwalt darauf hin, dass die Staatsanwaltschaft weisungsgebunden ist. So wie er das sieht, "konstruiert" sie das alles aus einem ihr vorliegenden Bild, dass "zu irgendeinem unbekannten Zeitpunkt aufgenommen worden war und vom Haus der Teutonia stammen soll und auf welchem eine Weinflasche mit verbotenem Kennzeichen zu erkennen sein könnte, dass diese Weinflasche auch in jüngster Vergangenheit an einer Feierlichkeit – für alle erkennbar, auch für die Öffentlichkeit – dort auf dem Haus gestanden habe." Nur weil sein "Mandant Bewohner des Hauses sei, treffe ihn eben auch eine entsprechende Verantwortlichkeit, diese zu entsorgen. Dies mündete in der – für Juristen absurden – Konstruktion einer Rechtspflicht zum Handeln. Dabei wurde diese ominöse Weinflasche bei der Hausdurchsuchung nicht gefunden. Es ist auch unklar, vor wie vielen Jahren diese dort gestanden haben könnte."

Das muss man sich mal geben. Der an den Haaren herbeigezogene Vorwurf könnte also im Prinzip sogar längst verjährt sein und das Gegenteil wurde auch nicht bewiesen! Weiter heißt es beim Anwalt: "Im Zuge der Durchsuchung meinten die Ermittlungsbehörden, weiteres verdächtiges Material gefunden zu haben, mit welchem jetzt der Haftbefehl 'angereichert' wurde. Am Freitag 18:00 Uhr habe ich für meinen Mandanten Haftbeschwerde beim Amtsgericht Würzburg eingelegt und diese auch damit begründet, dass kein dringender Tatverdacht besteht. Sowohl die Volksverhetzung wie auch das Verwenden von Kennzeichen setzen eine entsprechende Öffentlichkeit voraus. Dies ist bei einer Wohngemeinschaft ersichtlich nicht gegeben. Des Weiteren sind keine der in Rede stehenden Gegenstände auch nur irgendwie mit meinem Mandanten in Verbindung zu bringen. Der Gang zur Verfassungsgerichtsbarkeit wird aktuell erwogen. Sämtliche Rechtsmittel werden ausgeschöpft werden!"

Gerne können Sie das unter diesem Link nachprüfen: https://www.kanzlei-mandic.de/eigene-faelle/pressemitteilung-halemba/

Es ist unfassbar, dass in Deutschland zu derartigen Mitteln gegriffen wird, um Menschen mit anderer politischer Orientierung fertig zu machen! Hierzu sei noch erwähnt, dass in anderen Fällen wo man Leuten "Volksverhetzung" (übrigens ein sehr weit gedehnter Begriff, mit dem man so ziemlich jedem alles vorwerfen kann!) vorwarf, es gerade bei

"Ersttätern" auf Geld- und/oder Bewährungsstrafen hinauslief. Da fragt man sich warum gerade bei diesem jungen Mann so draufgehauen wird?

Fall 7: Nicht nur werden in der BRD Oppositionelle politisch verfolgt, nein, man macht sie sogar im Ausland fertig. Schauen Sie sich im Netz mal das Leben des deutschen Journalisten Billy Six an. Er saß zweimal im Knast. Nicht in Deutschland, sondern in Syrien und Venezuela. Beide Male, weil er dort als Journalist nachforschte; in Syrien jedoch weil man ihn erst für einen Islamisten hielt. Man verzichtete jedoch auf seine Hinrichtung, weil man Fotos von Frauen im Bikini auf seinem Laptop fand und so zu dem Schluss kam: "Hm. Vielleicht ist es doch wahr, wenn er uns erzählt, er habe hier nur unter Islamisten recherchiert..."
Nun lieber Herr Fitzek, fragen Sie sich gewiss was das mit der BRD-Politik zu tun hat?
Ganz einfach: Rausgeholt wurde er beide Male dank der Kontakte des patriotischen Lagers zu Russland. Die BRD-Behörden haben nichts unternommen, um ihn freizubekommen. Das wurde, wenn ich die folgende Netzseite richtig verstehe, sogar offiziell bestätigt. Hier der Link:
https://www.bundestag.de/presse/hib/kurzmeldungen-954570

Darin heißt es: "'Verfahren des Journalisten Billy Six

gegen das Auswärtige Amt' lautet der Titel einer Kleinen Anfrage der AfD-Fraktion (20/7299). Wie die Fragesteller darin schreiben, habe ein Rechtsanwalt im Verfahren vor dem Berliner Verwaltungsgericht im Namen des Auswärtigen Amts" offenbar nun für alle sichtbar "festgestellt, 'dass sich seine Mandantin während der nach Auffassung der Fragesteller politisch motivierten Inhaftierung von Billy Six 2018/19 in Venezuela nicht für dessen Freilassung eingesetzt habe'. Die Bundesregierung soll vor diesem Hintergrund unter anderem ihre Aussage im Deutschen Bundestag erklären, sie habe gegen die Verhaftung offiziell protestiert."

Damit wurde nur das Offensichtliche bestätigt. Etwas was jeder, der um unser Land besorgt ist und von den Machthabern als "Querdenker" oder "Besorgter Bürger" abgekanzelt wird, schon wusste. Es ist den Machthabern egal, wenn deutsche Journalisten in ausländischen Gefängnissen festsitzen; sofern die deutschen Journalisten auch die BRD-Regierung kritisieren. Für den linken Journalisten Deniz Yücel setzte der BRD-Staat alle Hebel in Bewegung. Aber Yücel bejubelt ja auch die Abschaffung des bei den Politikern der Blockparteien verhassten Deutschlands. Er erklärte unter dem Titel "Kolumne Geburtenschwund – Super, Deutschland schafft sich ab!" folgendes über den Bevölkerungsrückgang in Deutschland: "Der baldige Abgang der Deutschen

aber ist Völkersterben von seiner schönsten Seite."
Tja und wie reagierte er auf Kritik daran? Nun,
Linke reagieren meistens auf zweierlei Arten auf
Kritik. Entweder werfen sie ihren Kritikern vor
"Nazis" zu sein oder sie behaupten "War ja bloß
Satire". Im Falle Yücels entschied sich das linke
Lager den Text als Satire hinzustellen.
Der Vergleich Yücel/Six zeigt was für Prioritäten die
etablierten Parteien in Deutschland setzen. Wer die
Deutschen weg haben will wird gefördert und
beschützt und wer die Deutschen erhalten möchte,
wird im ausländischen Knast sitzen gelassen oder
sogar rechtsstaatlich in der BRD verfolgt.
Eine Antwort auf die oben zitierte "Kleine Anfrage"
ist mir übrigens nicht bekannt...
Aber lassen wir doch Herrn Billy Six Vater in
diesem Fall zu Wort kommen. Der hatte
nämlich nach der damaligen Verhaftung in
Venezuela alle 709 BRD-Bundestagsabgeordneten
angeschrieben und um Hilfe gebeten. Leider haben
die meisten nicht geantwortet oder auf das
Auswärtige Amt verwiesen. Am Ende hat sich außer
der AfD nur jeweils ein Abgeordneter der
Linkspartei und der CDU für die Forderung der
Familie nach einer Freilassung des Sohnes
eingesetzt. Nachdem Billy Six dann endlich frei und
wieder in Deutschland war, sagte er der "größte
Gegner" sei nicht "der Diktator von Venezuela,
sondern die deutsche Regierung" gewesen. Der Fall
ist beispielhaft für die "Ideologisierung der

deutschen Außenpolitik" unter Führung der SPD, wie es der AfD-Obmann im Auswärtigen Ausschuss des Bundestags, Petr Bystron, seinerzeit erklärte. Er beklagte sich, dass im Falle des einst in der Türkei inhaftierten "Welt"-Journalisten Deniz Yücel das Auswärtige Amt die Freilassung "sofort" gefordert habe und schon bald ein Besuch des Botschafters erfolgt sei. Auch Herr Bystron hat also das Messen mit zweierlei Maß in der heutigen BRD erkannt. Vielleicht werter Herr Fitzek möchten Sie sich ja mal mit Herrn Six treffen und mit ihm darüber sprechen wie es so im heutigen Deutschland läuft und was man tun kann damit es besser wird? Wenn ja, würde ich Ihnen als Treffpunkt die "Bibliothek des Konservatismus" oder die "Gedenkbibliothek zu Ehren der Opfer des Kommunismus" empfehlen. Beide liegen in Berlin, sind sehr schön, das Personal ist sehr nett und in Ersterer hat Herr Six vor Jahren sein Buch "Marsch ins Ungewisse" über seine Abenteuer in Syrien geschrieben. Ich bekam damals ein signiertes Exemplar und lernte den Autor persönlich kennen. Ein sehr netter, engagierter Mann. Meines Erachtens der legitime Erbe von großen Journalisten wie Peter Scholl-Latour.

Fall 8: Da der Fall von Billy Six ja schon eine Weile her ist, hier noch etwas Aktuelles: Seit dem Abend des 17. Oktober errichten Muslime im multikulturellen Berliner Problembezirk Neukölln

Barrikaden und setzen sie in Brand. Die Berliner Polizei musste zum ersten Mal seit dem 7. Oktober Wasserwerfer einsetzen, um die Lage einigermaßen in den Griff zu bekommen. Wenig überraschend scheiterte die Polizei dann auch noch stundenlang mit der Auflösung einer verbotenen Pro-Hamas-Kundgebung im Herzen Berlins auf dem Potsdamer Platz. Ich werde wohl nie den Anblick der wenigen, von Migranten umzingelten Polizisten vergessen. Aber sein wir nicht ungerecht, denn es waren ja nicht nur Migranten anwesend, sondern auch offenkundig dem linksgrünen Spektrum angehörige Biodeutsche, die sich selbst aber wohl kaum "Deutsch" nennen werden. Fragt man solche Leute, sind sie überall zu Hause und kommen mit Sprüchen wie "Heimat im Herzen = Scheiße im Hirn!". Da fragt man sich, wenn die überall zu Hause sind und sich als "Weltbürger" sehen, warum gehen die dann nicht in eines der Länder, wo ihre kommunistischen Träume Realität geworden sind? Ganz einfach: Weil es in vielen dieser Länder nichts zu essen gibt! Und weil zwar Staaten wie China und Vietnam ihre Nahrungsprobleme in den Griff bekommen haben, aber sich eben zeitgleich ein Stück weit von den Grundsätzen der roten Ideologie verabschiedet haben! Und weil es wohl kaum ein Chinese oder Vietnamese hinnehmen würde, wenn man im Bezug auf sein Land solche Sachen sagt und schreibt wie es die Linken so tun. Aber dazu komme ich kurz im nächsten Fall.

Erst nach 20:00 Uhr löste sich die Versammlung auf dem Potsdamer Platz auf – nachdem es dunkel und kalt geworden war. Ähnliche arabische Großkundgebungen erlebten Frankfurt a.M. und Düsseldorf. Eine inhaltsgleiche arabische Versammlung in Dresden fiel schwächer aus und verlief erheblich unspektakulärer. Weite Teile der muslimischen Wohnbevölkerung in den deutschen Großstädten solidarisieren sich mit dem Kampf der Hamas gegen Israel. Nicht alle, aber doch sehr viele tun das und als Indigener fragt man sich zwangsläufig auf wessen Seite sie wohl in einem Bürgerkrieg in Deutschland stünden? Von meinem Kumpel Murat weiß ich es; aber wie soll man es bei den vielen anderen wissen? Symptomatisch für die Stimmung war das Fernsehinterview einer durchschnittlich wirkenden, ordnungsgemäß verhüllten Hamburger Muslima, die mit einem unschuldigen Lächeln mitteilte, selbstverständlich hätten sie und ihre Familie sich gefreut über den erfolgreichen Schlag der Hamas gegen Israel. So ist anscheinend die allgemeine Stimmung in der Umma, der islamischen Weltgemeinschaft. Wohlgemerkt sind nicht alle so; die Könige von Marokko und Jordanien z.B. sind große, friedliebende Ehrenmänner, die wirklich um Reformen innerhalb des Islams bemüht sind. Aber bei vielen, gerade bei denen in Deutschland, kommt davon wenig an. Medial wird die ehrenhafte Arbeit von tapferen Männern wie Mohammed VI. Und Abdullah II. bin al-Hussein bei uns ja auch kaum beleuchtet.

Hat man in der BRD etwa Angst, die Deutschen könnten merken welche Vorzüge eine Monarchie hat? Bekommen wir deswegen auch so wenig Nachrichten aus Dänemark und so viele aus den USA? Oder will man bewusst nicht, dass die Muslime in Deutschland positive Vorbilder wie diese beiden Könige haben? Ich meine, früher hat man ja auch den Schwarzen Vorbilder wie in Serien wie "Alle unter einem Dach" und "Der Prinz von Bel Air" gegeben. Heute jubelt man ihnen Leute wie George Floyd unter, die (nett formuliert) mehr als fragwürdig sind...

Eine mediale Verbreitung des Wirkens von Mohammed VI. Und Abdullah II. bin al-Hussein in Deutschland wäre wünschenswert. Man muss den Königen allein schon zugute halten, dass sie es wenigstens versuchen; anders als die Politiker bei uns, von denen nur Lippenbekenntnisse zu hören sind. Aber allgemein sind Israel und die Juden bei vielen Muslimen eben nicht beliebt. Pakistan und Indonesien haben mit Israel weder eine gemeinsame Grenze, noch irgendeinen Interessenkonflikt. Trotzdem kocht dort der Hass auf alles Jüdische hoch und es gibt Solidaritätskundgebungen für die Hamas. In der Türkei gelang es den staatlichen Sicherheitskräften mit Mühe, die Erstürmung des israelischen Konsulats in Istanbul zu verhindern. Ein ausgebrachter türkischer Pöbel zerlegte daraufhin eine McDonalds-Filiale – als Symbol für den verhassten "Westen". Tja, damit das McDonalds ein Symbol für den dekadenten Westen ist, den ich auch nicht leiden kann, haben sie gar nicht mal unrecht. Offen gesagt sehe selbst ich im Westen kaum etwas womit ich mich identifizieren kann und das womit ich mich identifizieren kann (deutsche Geschichte, Kultur, Heimat, Volk, christlicher Glaube) wird ja im Westen Stück für Stück abgeschafft.

Aber ich schweife ab. Im patriotischen Lager kommt man wegen der Hamaskrawalle zu folgendem Schluss; nämlich dass der Bestand türkischer und arabischer Zuwandererghettos in Deutschland jetzt auf den politischen Prüfstand gehöre. Man erklärt dort schon seit Jahren, dass Deutschland diese muslimischen Biotope mit Unsummen aus der Staatskasse für Mieten und Sozialleistungen künstlich am Leben erhält. Ohne diese staatlichen Leistungen wären Berlin-Neukölln, Duisburg-Marxloh, Hamburg-St.-Georg und andere Ghettos wirtschaftlich nicht lebensfähig. Man fragt sich zu recht: Wie lange soll das noch so weitergehen? Wie lange werden noch unintegrierbare Judenhasser im Land geduldet, die auch ein schlechtes Licht auf alle anständigen, gut integrierten Migranten werfen? Wann sind die Mehrheiten da, um den Stecker und die Notbremse zu ziehen? Und wer steht auf gegen die ungerechten, inländerfeindlichen Zustände in unserem Land?

Fall 9: Wenn Linke Deutschland beleidigen ist das offenbar kein Problem. Sie dürfen über uns offenbar problemlos verkünden: "Deutschland verrecke!", "Nie wieder Deutschland" oder "Deutschland, du mieses Stück Scheiße". Das sie Letzteres sagen dürfen hat sogar der Staat den sie damit beleidigt haben per Gerichtsurteil quasi bestätigt.

Nachzulesen hier in der "B.Z.":

https://www.bz-berlin.de/archiv-artikel/griechen-demo-verfahren-wegen-transparent-eingestellt

"Das Ermittlungsverfahren gegen 21 Demonstranten, die am vergangenen Freitag ein mutmaßlich staatsverunglimpfendes Transparent gehalten hatten, wird eingestellt", heißt es bezüglich des Falles laut Polizeisprecher Thomas Neuendorf in der "B.Z." Mitglieder der linken Gruppe "Theorie Organisation Praxis Berlin (TOP)" hatten mit der prägnanten Aufschrift "Deutschland, du mieses Stück Scheiße" demonstriert.

Wollen Sie meine Meinung dazu hören? Voltaire hat dazu gesagt: "Ich mag verdammen was du sagst, aber ich würde mein Leben dafür geben, dass du es sagen darfst."

Meines Erachtens sollten auch solche ekelhaften Beleidigungen durch die Redefreiheit gedeckt sein. Womit ich dann aber doch ein Problem habe ist die Doppelmoral der Staatsangestellten in solchen Fällen. Linke dürfen Deutschland (wohlgemerkt das Land und offenbar nicht den Staat, denn sonst hätten sie ja über den "BRD-Staat" geschrieben) beleidigen wie sie wollen, aber wenn irgendjemand mal die Coronamaßnahmen kritisiert und dabei den Staat als "Drecksstaat" bezeichnet, wird gleich gegen ihn ermittelt und er wird fertiggemacht. Sogar die eher linksliberale "Welt" meinte dazu: "Ein Student bezeichnete Deutschland als 'Drecksstaat', weil er in Coronazeiten nicht mit seiner Oma Geburtstag feiern konnte. Strafe: 1500 Euro. Zu Recht werden Menschen vor Beleidigung geschützt. Aber der Staat sollte das nicht nötig haben."

Hier der Link:

https://www.welt.de/debatte/kommentare/article2474 54650/Deutschland-Drecksstaat-Schimpfen-auf-den-Staat-ist-keine-Straftat.html

Die "Welt" wird auch mal ihrer Aufgabe als Presseerzeugnis gerecht und stellt fest, wie hier bei uns mit zweierlei Maß gemessen wird: "Einen Bericht über die Strafanzeige des Präsidenten des Verfassungsschutzes, Hans-Georg-Maaßen, gegen das Medium 'Netzpolitik.org' kommentierte Ralph K. 2015 so: 'Ein korrupter Drecksstaat war (Deutschland) schon immer...' Wenn aber das Zufallsprinzip bestimmt, wer verfolgt wird, sind die Grundsätze der Gleichheit vor dem Gesetz und der Verhältnismäßigkeit verletzt. Das schadet dem Ansehen des Staates viel mehr als das Geschimpfe von Menschen mit niedriger Frustrationstoleranz."

Es wäre schön, wenn das mehr Menschen erkennen würden und vor allem wenn gewisse Übergutmenschen in mächtigen Positionen einfach mal lernen würden, harmlose Spinner und Regierungskritiker von echt gefährlichen Typen (wie sie derzeit Berlin unsicher machen!) zu unterscheiden. Ich meine, in den USA wäre niemand auf die Idee gekommen Kaiser Norton I zu verhaften :-).

Aber eventuell können die Mächtigen ja tatsächlich echte Bedrohungen von falschen unterscheiden und meiden deswegen bewusst die echten Bedrohungen, weil sie wissen das diese Typen wirklich zurückschlagen?

Fall 10: Eigentlich sind das mehrere Fälle. Haben Sie als Berliner schonmal den "Görlitzer Park" oder den "Volkspark Hasenheide" besucht? Wenn ja, was sagen Sie zu den dortigen Drogendealern und dagegen das die Politik kaum etwas dagegen unternimmt? Was sagen Sie als Berliner dazu, dass irgendwelche Pseudokünstler ernsthaft mal ein Denkmal für Drogendealer errichtet haben? Gleichzeitig kümmert sich der Staat null um das Denkmal von Turnvater Jahn, welches im Volkspark steht und ständig zugemüllt wird. Im Gegenteil. Stattdessen hacken Politiker der Blockparteien immer wieder auf Helden der deutschen Befreiungskriege wie Turnvater Jahn herum. Der Mann hat für unser Land und Volk gekämpft und zum Dank spucken diese Leute, die sich heute für die besten aller Menschen halten, auf ihn und seine

Leistungen. Immerhin der "Vereinigte Staaten von Europa"-Schnapsideenbefürworter Horst Bosetzky schrieb ein gutes Buch über ihn, nachdem er eine Art Vision im Volkspark vom Turnvater hatte. Trotz seiner politischen Einstellung war Bosetzky einer der besten Krimiautoren Deutschlands. Leider ist dieses Berliner Urgestein vor einigen Jahren verstorben.

Um aber bei den Parks zu bleiben: Dieses und zahlreiche andere Probleme der "bunten" Gesellschaft werden einfach ignoriert, weil es lösen zu wollen würde bedeuten es als Problem zu erkennen und es als Problem zu erkennen würde bedeuten, zu fragen wo es herkommt? Und zu fragen wo es herkommt würde die negativen Seiten der multikulturellen Gesellschaft offenlegen.

Sollten Sie Berlin angesichts der herrschenden Zustände noch für "arm, aber sexy" halten, dann streichen Sie nun ruhig das "sexy".

Um hier aber nicht nur Schlechtes über multikulturelle Gesellschaften zu sagen, schauen wir uns doch einmal Gesellschaften dieser Art an die funktioniert haben:
-Österreich-Ungarn
-Osmanisches Reich
-Russisches Zarenreich
Nun müssen wir uns die Frage stellen warum diese Gesellschaften funktioniert haben? Man findet die

Gründe übrigens auch in Titos Jugoslawien, aber das hatte ich nicht aufgelistet, weil es nicht Jahrhunderte hielt. Alle diese Länder hatten:

-Starke Herrscher
-Starke Leitkultur
-Starke Armeen
-Äußere Feinde, die den inneren Zusammenhalt stärkten
-Eine dominante Religion

Diese Länder hatten Ziele, mit denen sie die Menschen mitreißen konnten. Das Osmanische Reich wollte Europa erobern und Österreich-Ungarn wollte das Osmanische Reich daran hindern. Sowas verbindet. Zudem hatten diese Länder Erfolge vorzuweisen; wie die USA und Russland dehnten sie sich eine Zeit lang immer weiter aus.

Nun muss man sich fragen, welche Ziele die heutige, zwangsweise multikulturalisierte BRD hat?

Zunächst einmal bleibt bei uns festzuhalten, dass uns sowohl starke Herrscher als auch eine starke Armee fehlen. Die Bundeswehr wurde kaputtgespart und geistig demoralisiert, indem sogar auf Soldaten herumgehackt wurde, wenn sie ein Bild von Helmut Schmidt (SPD) in Wehrmachtsuniform herumhängen hatten. Habe vor einigen Wochen ein altes Interview mit Schmidt aus den 90ern gesehen. Habe die ersten zehn Minuten verpasst weil ich geheult habe, denn es war und ist zum heulen, dass wir mal so gute, ehrenhafte Kanzler wie ihn hatten (man denke an sein Engagement beim Hochwasser oder gegen die

RAF!) und heute von Leuten wie Scholz und Baerbock regiert werden :-(.

Diese Leute mögen uns regieren und offenkundig wird bei uns der Meinungskorridor des Sagbaren immer enger, aber als starke Herrscher kann man keinen von denen bezeichnen, zumal sie mit zweierlei Maß messen. Tito war ein starker Herrscher; ja, ein grausamer Herrscher, aber er hat eben allen in die Fresse gehauen. Bei uns wird vor allem auf die Indigenen eingeprügelt, also auf uns Deutsche. Das geht schon in der Grundschule von Seiten vieler Lehrer los, denn sie wissen: "Bei den Deutschen dürfen wir's. Da kommt dann keine Rassismuskeule."

Kurz gesagt, wir haben keinen starken Herrscher, der unsere Gesellschaft zusammehält. Wir könnten zwar eine deutsche Leitkultur haben, aber alles was irgendwie positiv besetzt ist, wird ja von vielen Mächtigen mit einem "Igitt" beiseitegewischt. Dabei könnten wir uns Otto den Großen, Friedrich den Großen, Turnvater Jahn, Marschall Blücher, Königin Luise, Bismarck, Wilhelm I und viele mehr auch heute noch zum Vorbild nehmen. Aber es wird ja inzwischen sogar gegen Stauffenberg gehetzt, weil er ein Konservativer und gegenüber den Monarchisten offen war.

Einen starken Herrscher haben wir nicht und die Erklärung einer positiven Leitkultur ist auch nicht in Sicht. Das Herumgezicke von wegen "Toleranz und Weltoffenheit" reicht eben nicht; das sind nur hohle

Phrasen, zumal der griechische Philosoph Aristoteles gesagt haben soll, Toleranz sei "die letzte Tugend einer untergehenden Gesellschaft".
Wir brauchen in Deutschland echte Werte. Ich würde da die preußischen Tugenden vorschlagen, die da wären:

-Aufrichtigkeit
-Bescheidenheit (Kaiser Wilhelms Lieblingsblume z.B. war die Kornblume, was ein Zeichen dafür ist. War übrigens auch die Lieblingsblume seiner Mutter)
-Ehrlichkeit
-Fleiß
-Geradlinigkeit
-Gerechtigkeitssinn
-Gewissenhaftigkeit
-Opferbereitschaft
-Ordnungssinn
-Pflichtbewusstsein
-Pünktlichkeit
-Redlichkeit
-Sauberkeit
-Sparsamkeit
-Gottesfurcht bei religiöser Toleranz
-Unbestechlichkeit
-Zurückhaltung ("Mehr sein als scheinen!")
-Zielstrebigkeit
-Zuverlässigkeit

Alles Worte die man im Bundestag leider nicht allzu oft zu hören bekommt. Dort bekommen wir keine Werte vorgelebt, also müssen sich Künstler wie wir zu Wort melden und in dieser Richtung Vorstöße unternehmen. Im Übrigen bräuchten wir Dinge die uns Deutsche mit den Ausländern verbinden. Positive Dinge, basierend auf der Geschichte. Mit Türken und Bulgaren verbindet uns zum Beispiel die Waffenbruderschaft im ersten Weltkrieg. Der gemeinsame Sieg bei Gallipoli. Auch Vergleiche zwischen Bismarck und Atatürk sind alles andere als abwegig. Aber wird in dieser Richtung etwas von den Altparteien gemacht? Natürlich nicht. Stattdessen scheint es so, als ob versucht wird die Waschlappenjammerversion des Weges Titos zu gehen; man unterdrückt jede Kritik, stiftet aber keine gemeinsamen Werte. Aber welche "Werte" kann man auch von Leuten erwarten, die im Leben nie etwas geleistet haben; der Tito hatte wenigstens gegen die Nazis gekämpft und konnte eine ganze Partisanenarmee organisieren. Kampfgeist und Organisationstalent sehe ich bei vielen Politikern in diesem Staat jedoch eher nicht...
Wie wenig von den Politikern zu erwarten ist, zeigt der nächste Fall:

Fall 11: Im oberbayerischen Landkreis Starnberg

sind inzwischen alle Plätze in den Migranten-Unterkünften belegt. Landrat Stefan Frey (CSU) hat deswegen angekündigt, Immobilien notfalls zu beschlagnahmen, falls die Eigentümer sich weigern, sie für Asylbewerber zur Verfügung zu stellen. Jeden Tag kommen ihm zufolge 100 bis 200 Menschen nach Oberbayern, die eine Unterkunft brauchen: "Ich muss alle Mittel ausschöpfen." An das Mittel "Abgelehnte abschieben!" und "Grenzen dicht!" scheint er dabei nicht zu denken.

Was an diesem Fall bedenklich ist, ist das Gebäude beschlagnahmt werden sollen. Wie lange dauert es dann wohl noch, bis Einheimische zwangsverpflichtet werden, Asylbewerber bei sich daheim unterzubringen? Besonders Einheimische mit eigenen Häusern...

Dieser Fall zeigt einmal mehr, was den Politikern wirklich wichtig ist. Wir Deutschen sind es offenkundig nicht. Aber uns darf man ja offenkundig wie Dreck behandeln, weswegen ich mich freuen würde, wenn Sie Ihre schriftstellerische Bekanntheit für den Erhalt unseres Landes und Volkes einsetzen würden, Herr Fitzek. Ich selbst habe im Rahmen meiner Autorentätigkeit alles getan was ich konnte um Missstände aufzuzeigen und die Probleme unserer Heimat zu lösen. Leider hören die Politiker nicht auf einen eher unbekannteren Künstler wie mich. Aber bei jemandem mit Millionenpublikum müssen die zuhören.

Und damit wir das Duzend voll haben, noch ein Fall aus der Vergangenheit. Da Sie in dem Interview mit der BVG ja Ernest Hemingway zitiert haben, dürfte Sie dieser Fall besonders interessieren. Es geht im Grunde auch um eine Art Serienmörder.

Fall 12: Der Focus berichtete vor einigen Jahren darüber, aber irgendwie griffen andere Zeitschriften das Thema nicht auf. Das Blatt schrieb folgendes: "Günter Grass hatte Glück. Als der Angehörige der Waffen-SS im April 1945 in amerikanische Gefangenschaft geriet, war ein anderer späterer Literaturnobelpreisträger eben in die USA zurückgeflogen: Ernest Hemingway."
Tja, warum hatte Grass da Glück? Ganz einfach: "Nobelpreisträger Ernest Hemingway brüstete sich, 122 deutsche Kriegsgefangene erschossen zu haben". Dem Focus zufolge hätte ihm folgendes passieren können; nämlich etwas womit Hemingway voller Freude angab: "Einmal habe ich einen besonders frechen SS-Kraut umgelegt. Als ich ihm sagte, daß ich ihn töten würde, wenn er nicht seine Fluchtwegsignale rausrückte, sagte der Kerl doch: Du wirst mich nicht töten. Weil du Angst davor hast und weil du einer degenerierten Bastardrasse angehörst. Außerdem verstößt es gegen die Genfer Konvention. Du irrst dich, Bruder, sagte ich zu ihm und schoß ihm dreimal schnell in den Bauch, und

dann, als er in die Knie ging, schoß ich ihm in den Schädel, so daß ihm das Gehirn aus dem Mund kam, oder aus der Nase, glaube ich." Das schrieb Hemingway am 27. August 1949 seinem Verleger Charles Scribner.

Hier der Link zum Focus-Artikel:

https://www.focus.de/kultur/buecher/ich-toete-gerne-buch_id_2487802.html

Und wie immer wenn ein Linker etwas Abartiges tut (und es in diesem Fall sogar selbst zugibt), folgt (wenn überhaupt) von roter Seite das Schöngerede. "Alles bloß Angeberei", "Hat er erfunden" oder "War ja bloß Satire" heißt es in solchen Fällen. Manchmal bringt mich die Naivität der Linken zum Kotzen! Dabei hat der Autor es sogar mehrfach zugegeben. "Am 2. Juni 1950 berichtete Hemingway Arthur Mizener, dass er 122 Deutsche getötet habe. Eines seiner letzten Opfer sei ein junger, auf einem Fahrrad flüchtender Soldat gewesen – 'ungefähr im Alter meines Sohnes Patrick'. Er habe ihm mit einer M1 von hinten durch das Rückgrat geschossen. Die Kugel zerfetzte die Leber."

Aber es kann ja nicht wahr sein was nicht wahr sein darf! So war es auch beim Ayatollah Khomeini, der immer klar gesagt und geschrieben hat, was er vorhat sobald er an der Macht ist. Aber die westlichen Linken und die im Sinne der westlichen Linken erzogenen Iraner wollten es nicht glauben. Sie taten es als Propaganda der Amerikaner oder des Kaisers von Persien ab. Und dann, als er an der

Macht war wurden erstmal die bürgerlichen Oppositionellen unter dem Jubel der Linken getötet. Im Anschluss waren die Linken selbst dran. Dieselbe Ungläubigkeit westlicher Linker konnte man erleben, als Stalin sie in Schauprozessen zum Tode verurteilen ließ. Vielen Linken fehlt der Sinn für die Realität; das war leider schon immer so. Ausbaden dürfen dass dann die von ihnen regierten Gesellschaften.

Aber ich wollte Ihnen ja von Fällen berichten die Deutschland betreffen. Darum hier nun wieder etwas aus unserer einstmals schönen Heimat, die hoffentlich wieder gesund wird.
Nur wird das natürlich sehr schwierig, wenn wir ständig auf jede erdenkliche Art bekämpft werden. Hemingway war Teil eines Systems, dass uns Deutsche schlicht und einfach gehasst hat. Und denen war egal ob der Regent Wilhelm II, Friedrich Ebert, Paul von Hindenburg, Adolf Hitler oder Mutter Teresa hieß! Googlen Sie es mal nach: "Morgenthau-Plan" oder "Hooten-Plan". Die Pläne wurden schon begonnen durchgeführt zu werden, da tauchte die Sowjetunion als neue Bedrohung am Horizont auf. So schlimm die rote Diktatur auch war; womöglich hat sie uns in dieser Hinsicht vor der völligen Ausrottung bewahrt. Jetzt wo die DDR und die Sowjetunion weg und die NATO nach Osten gerückt sind, wird die BRD nicht mehr als Bollwerk gegen Russland gebraucht. Jetzt sind die USA

besonders nett zu Polen; für die Zukunft Polens lässt das jedoch nichts Gutes erahnen...

Fall 13: Nun ist der dreizehnte Fall gewiss nicht so schlimm wie der Zwölfte, aber auch er zeigt einmal mehr was in unserem Land so alles schiefläuft. Beispielhaft für den Zustand der Politik in der BRD ist, dass der Flüchtlingsrat in Köln Steuergelder aus dem von Lisa Paus (Grüne) geführten Bundesfamilienministerium erhält. In diesem Jahr sind es projektbezogene 64.417,09 Euro aus dem Fördertopf "Demokratie leben!". Dafür muss eine alte Oma lange stricken, nicht wahr. Laut einem Bericht des Portals "Nius" arbeitet dort die Tochter von Gesundheitsminister Karl Lauterbach (SPD). Rosa-Lena Lauterbach ist dort als Asylverfahrensberaterin tätig. Ihre Aufgabe: Migranten juristisch dabei zu unterstützen, Abschiebebescheide rückgängig zu machen. Die deutschlandweit aktiven Flüchtlingsräte versuchen, Abschiebungen grundsätzlich zu verhindern. Der Arbeitgeber der Tochter eines Mitglieds der Bundesregierung profitiert also ganz klar von Förderleistungen eines anderen Ministeriums. Doch die Paus-Behörde bestreitet einen Interessenkonflikt. Gegenüber dem Nius-Portal erklärte eine Sprecherin, es sei ihrem Ministerium "nicht bekannt, dass eine Verwandte des Gesundheitsministers beim Kölner Flüchtlingsrat e.V. arbeitet". Die angehende

Juristin Rosa-Lena Lauterbach hat sich der Asylpolitik verschrieben.Vor Kurzem hat sie die Forderungen nach Sach- statt Geldleistungen für Migranten als "populistische Nebelkerze" bezeichnet. Dass Menschen "aufgrund der hohen Sozialleistungen nach Deutschland kommen", bestreitet sie natürlich. Komisch, denn bevor die Gerichte urteilten, dass Asylanten diese hohen Summen bekommen müssen, kamen weitaus weniger Asylanten nach Deutschland.

Fall 14: Diesen Fall könnte man im Grunde "Kontaktschuld bei AldiNORD nennen". Die Supermarktkette hat auf dem Kurznachrichtendienst twitter offensichtlich tausende Benutzerkonten blockiert. "Seit Kurzem erhalten wir unter einem ALDI Nord Posting auf X (ehemals Twitter) zahlreiche Kommentare und Erwähnungen, die sich auf die Darstellung unserer Models im aktuellen Prospekt der Kalenderwoche 44 beziehen", klagt das Unternehmen. In dem Prospekt waren unter anderem eine weiße Joggerin und ein dunkelhäutiger Jogger zu sehen. "Die Tonalität der Äußerungen ist fast ausschließlich diskriminierend und teilweise rassistisch. Solche Kommentare akzeptieren wir nicht und verurteilen sie auf das Schärfste",findet der Konzern. Doch statt nur die User zu blockieren, die sich angeblich rassistisch geäußert hätten, wurden auch alle Nutzer gesperrt, die den jeweiligen

Accounts folgen: "Im Rahmen einer 'Blockchain' haben wir das Profil, auf dem der fremdenfeindliche Post initial veröffentlicht wurde, seitens ALDI Nord blockiert. Ebenso alle Profile, die diesem Konto folgen. Sogenannte 'Blocklisten' kamen hierbei nicht zum Einsatz." Im Grunde wurden also nicht nur Leute blockiert, die tatsächlich etwas gemacht haben, sondern auch alle Leute die diesen Leuten aus welchen Gründen auch immer folgen. Die Sperrwelle hatte auf dem Kurznachrichtendienst für viel Aufsehen gesorgt. Zahlreiche Nutzer, darunter auch Journalisten der "Welt", aber auch Liberale, berichteten davon, geblockt worden zu sein, obwohl sie nie auf X mit dem Konzern zu tun hatten.

Fall 15: Der fünfzehnte Fall ist eher eine Ansammlung von Fällen; so ähnlich wie bereits Fall 4 und Fall 10. In Hamburg hat es zwischen Januar und September dieses Jahres 210 schwere Sexualdelikte gegeben. Das entspricht einem Anstieg von 37,3 Prozent im Vergleich zum Vorjahreszeitraum, als 153 Fälle registriert wurden. Da fragt man sich doch, was sich so in den letzten acht Jahren ereignet hat, dass solche Delikte zunehmen. In NRW ist es sogar noch heftiger. Dort gibt es pro Tag acht Vergewaltigungen (im letzten Jahr im gesamten Bundesland NRW 2949 Vergewaltigungen), wie die "Bild"-Zeitung zu berichten weiß. "In 246 Fällen waren mehr als ein

Täter beteiligt. 'Gruppenvergewaltigung' will das Innenministerium solche Fälle aber nicht nennen – weil der Begriff rechtlich nicht verankert ist", heißt es auf der Webseite:
https://www.bild.de/regional/duesseldorf/politik-inland/fast-3000-faelle-in-2022-jeden-tag-8-vergewaltigungen-in-nrw-83657046.bild.html
Fragen Sie sich selbst Herr Fitzek: Gab es solche Zustände schon in Ihrer Kindheit und Jugend? Wollen Sie, dass Ihre Kinder und eines Tages Ihre Enkelkinder in solch einer Gesellschaft aufwachsen? In einem System, in dem Gruppenvergewaltigungen praktisch an der Tagesordnung sind? Sie als bekannter Autor haben die Macht zumindest gegen diese Zustände und gegen die Fehlentwicklungen in unserem Land aufzustehen und zu protestieren.

Fall 16: Beim letzten Fall möchte ich mit etwas die Fallaufzählung abschließen, dass einem nicht so schlimm erscheint. Verglichen mit den anderen Fällen ist es das ja auch nicht, aber schön ist es ebenfalls nicht. Und es ist bezeichnend für den Zustand unseres Landes und die Art und Weise wie bei uns mit unserer Geschichte und Kultur umgegangen wird. Es zeigt einmal mehr, dass es in Deutschland einen Berg von Problemen gibt, die gelöst werden müssen:
Dieser Fall dreht sich rund um einen Friedhof mitten in Berlin.

49

Der Friedhof Columbiadamm liegt im Berliner Bezirk Neukölln, Columbiadamm 122–140. Südlich des Friedhofs befindet sich der ehemalige Flughafen Tempelhof, welcher heute als Tempelhofer Feld den Berlinern zur Erholung dient. 2014 gab es einen Volksentscheid gegen die Bebauung des Feldes1. Seitdem suchen manche der machthabenden Politiker in Berlin nach Mitteln und Wegen, um das Feld trotzdem gegen den Willen des Volkes zu bebauen2. Wer jedoch ernsthaft daran glaubt, dass infolgedessen günstige Wohnungen für die Berliner Bürger entstehen, der möge ruhig bei Kaffee und Kuchen gemeinsam mit dem Osterhasen und dem Weihnachtsmann über das Thema diskutieren. Sollte es tatsächlich zu einer Bebauung des Feldes kommen, ist nicht auszuschließen, dass auch der Friedhof diesen Plänen irgendwann zum Opfer fällt. Da in Berlin allgemein wenig Rücksicht auf die Lebenden genommen wird, kann man davon ausgehen, dass auf die Toten erst recht keine Rücksicht genommen wird. Ganz zu schweigen von den Zeugnissen der deutschen Geschichte und Kultur auf dem Friedhof.

Dabei wird es einige Machthaber, die von einer "neuen Mitte Tempelhof" träumen, auch nicht interessieren, dass es den Friedhof seit über 100 Jahren gibt. Allerdings unter verschiedenen Namen. Zunächst war er einfach der Friedhof hinter der Hasenheide, Dennewitz-Friedhof, ab 1861 Neuer

Garnisonfriedhof (um sich vom Alten zu unterscheiden), nach 1919 Garnisonfriedhof, seit den 1970ern offiziell Friedhof Columbiadamm, manchmal auch Friedhof am Columbiadamm. Er ist 104.044 m² groß und beherbergt derzeit gut 7.000 Gräber. Nun verfügt meine Wenigkeit jedoch über eine Karte aus der guten alten Zeit, als Berlin noch sicher und weniger vermüllt war (was damals wohl anders war?), auf der besagter Friedhof noch als Garnisonfriedhof eingezeichnet ist. Zudem sind etliche Soldaten aus beiden Weltkriegen und aus der Kaiserzeit dort begraben, weswegen man meines Erachtens durchaus nach wie vor von einem Garnisonfriedhof sprechen kann. Hinzu kommt auch noch die Tatsache, dass man inzwischen nicht mehr einfach so dort beerdigt werden kann und Gräber nicht verlängert werden. Das spricht leider sehr für die Vermutung, dass Leute in hohen Positionen eine Beseitigung des Friedhofs und eine gemeinsame Bebauung mit dem Tempelhofer Feld planen. Nun werfen wir aber noch einen kurzen Blick auf die Geschichte des Friedhofs, bevor ich dann zum eigentlichen Fall komme. Sie als Berliner dürfte diese Geschichte gewiss interessieren, Herr Fitzek: Als Preußens König Friedrich Wilhelm IV. beschlossen hatte, seine Garnison in neuen Kasernenbauten auf dem Tempelhofer Feld, das schon seit jeher als Exerzier- und Truppenübungsplatz genutzt worden war, unterzubringen, wurde der schon vorhandene kleine

Friedhof hinter der Hasenheide darin mit einbezogen und ab 1861 zum Neuen Garnisonfriedhof erweitert. Er stiftete eine Friedhofskapelle dazu, auf die er auch gestalterisch Einfluss nahm. Leider starb der gute König bereits Anfang 1861, aber sein ehrenwerter Nachfolger König Wilhelm (der später zusammen mit Otto von Bismarck unser geliebtes deutsches Vaterland einigte) überließ 1866 einen kleinen Streifen, den noch heute bestehenden Türkischen Friedhof Berlin, dem Sultan Abdul Aziz für dessen Botschaftspersonal und alle Muslime in der wachsenden Hauptstadt Preußens. Die gefallenen Soldaten der Kriege von 1866, 1870/71, der bewaffneten Aufstandsniederschlagung in Afrika und auch sehr viele Kämpfer der beiden Weltkriege wurden dort begraben. In Friedenszeiten ließen sich Offiziere auf dem Friedhof gerne Erbbegräbnisse bauen. Wohl als Folge des Versailler Vertrags wurde die Garnison Ende des ersten Weltkrieges aufgelöst. Ab 1922 wurden die Kasernen zum Teil abgerissen und es wurde mit dem Bau des Flughafens Tempelhof begonnen. Der Friedhof blieb damals bestehen; auch weil sich auf ihm geschützte Kriegsgräber befinden. Dies ist auch dem Gräbergesetz zu verdanken, denn die Fürsorge für die Kriegergräber des Ersten Weltkrieges in Deutschland wurde durch Gesetze von 1922 geregelt. Demnach wurden die Gräber aller Personen, die bei ihrem Tod Angehörige des ehemaligen Deutschen Heeres und der ehemaligen Deutschen Marine gewesen und deren Überreste seit worden waren, mit öffentlichen Mitteln finanziert und dauerhaft erhalten. Das Gesetz galt außerdem für die in Deutschland bestatteten deutschen Zivilinternierten und die Angehörigen der mit dem Deutschen Reich verbündeten Mächte. 1952 wurde es geändert, aber das neue Gesetz sieht ebenfalls den Schutz und die Pflege der Kriegsgräber vor. Jedoch ist davon auszugehen, dass auch hier so manch ein Politiker bereits nach Schlupflöchern sucht, um dann doch zu bauen.

Und nun kommen wir zum eigentlichen Fall, denn die Sturmtruppen, die dafür bereits ein Stück weit die Vorarbeit leisten, sind die offenkundig linksradikalen Denkmalschänder, die immer wieder vor allem den Gedenkstein für die deutschen Soldaten schänden, der an die gefallenen Kämpfer erinnert, die in Afrika gegen bewaffnete Aufständische kämpften. So auch wieder im Jahre 2023. Als ich Ende September mit meinem Kumpel Murat den Friedhof erneut besuchte, war der Gedenkstein Gott sei Dank wieder halbwegs sauber gemacht. Ganz lassen sich solche ekelhaften Schmiereien jedoch offenbar nicht beseitigen und die Inschrift des Steins leidet anscheinend sowohl unter den Farbanschlägen als auch unter der Reinigung. Nun bin ich kein Reinigungsfachmann, aber es ist durchaus vorstellbar, dass die Mittel mit denen die rote Farbe beseitigt wird, auch die Inschrift verblassen lassen. Natürlich könnte die

Inschrift auch verblassen, weil sie über 100 Jahre alt ist. Über die Anschläge wurde im letzten Jahr übrigens von der Jungen Freiheit berichtet. Darin hieß es: "Der Volkstrauertag ist für Deutschlandhasser jedes Jahr ein Freudentag. Mit Hammer, Lack und Quast aufmunitioniert machen sie sich los, um Soldatendenkmäler zu zerstören oder wenigstens zu beschädigen." Weiter erklärte die Zeitung: "Seit 73 Jahren wird auf dem Garnisonsfriedhof am Columbiadamm der Kriegsgefallenen gedacht. 'Der Ring Deutscher Soldatenverbände veranstaltet jedes Jahr am Volkstrauertag eine öffentliche Feier', erklärt ihr Vizepräsident Armin Brenker. Früher begleiteten Trompeter, Bundeswehr und ausländischen Militärattachés die Veranstaltung. 'In diesem Jahr ist das erstmalig verboten', sagt Brenker." Ob dies etwas damit zu tun hat, das manche Politiker inländerfeindliche Rassisten sind, die ihre eigene Geschichte und Kultur nur allzu gerne lieber heute als morgen loswerden würden? Nun, die patriotische Zeitung stellte diese Frage nicht. Aber machen wir weiter mit dem Artikel. Darin heißt es: "'Dieses Jahr trafen wir uns um 10.30 Uhr vor dem Freiraum am Lucknerkreuz.' Wie in all den vorangegangenen Jahren wurde nur ein Vaterunser gebetet, dann folgte der gemeinsame Gang über den Friedhof mit kurzen Gedenkworten an den verschiedenen Denkmälern der unterschiedlichen Nationen, erzählt der 76jährige. 'Am Stein von Österreich-Ungarn beabsichtigten wir die Toten dieser zwei Länder und ihrer Nachfolgestaaten zu ehren. Dann ging es zum Alexander-Denkmal und zum Schluß zum Afrikastein.'" Dieser Afrikastein dient der Ehrung von sieben deutschen Soldaten, "die in der Zeit von Januar 1904 bis zum März 1907 'am Feldzug in Süd-West Afrika freiwillig teilnahmen und den Heldentod starben,' ist auf dem Granit-Findling zu lesen. Seit 2009 liegt dem Stein eine schwarze Granitplatte mit den Umrissen des Staates Namibia zu Füßen auf der folgendes steht: 'Zum Gedenken an die Opfer der deutschen Kolonialherrschaft in Namibia 1884–1915 insbesondere des Kolonialkrieges von 1904–1907', initiiert vom Bezirksamt Neukölln. Als die Gruppe an der letzten Station ihres Spaziergangs eintrifft, ist das Entsetzen groß. Der Stein war von oben bis unten mit roter Farbe beschmiert worden."

Hier wird einmal mehr unsere Geschichte und Kultur geschändet und das obwohl im offiziell "bunten" Deutschland doch angeblich Platz für alle Kulturen sein sollte. Der Artikel schließt mit den Worten: "Wie lange der Stein dort noch stehen wird, ist ungewiß. Die taz zitierte den Direktor des Neuköllner Stadtmuseums, Matthias Henkel, im August diesen Jahres mit den Worten: 'Der Stein reproduziert eine zutiefst koloniale Perspektive auf die historische Faktenlage.' Henkel wolle das Thema im Dialog mit der 'engagierten Zivilgesellschaft', so

die Zeitung, angehen. Für 2023 arbeite er an einer Ausstellung. Arbeitstitel: 'Stein des Anstoßes'." Tja, wen wird Henkel da wohl als "engagierte Zivilgesellschaft" mitmachen lassen? Die jungen Leute von der "Identitären Bewegung", die Mitglieder der "Jungen Alternative" oder die Demonstranten von "Wir für Deutschland" sind bekanntlich sehr engagiert. Ob man die wohl bei dem Dialog mitmachen lässt? Oder wird es so ein Dialog, wo die linkeste Meinung im Raum recht bekommt? Auf alle Fälle teilte das Bezirksamt Neukölln diesbezüglich folgendes mit: "Für November 2023 bereitet das Museum Neukölln eine Ausstellung vor, die den Umgang mit dem Erinnern an den Genozid an den Ovaherero und Nama zur Diskussion stellt. Ziel ist es, den von der Zivilgesellschaft in Namibia und Deutschland über Jahre erkämpften Ansatz eines multiperspektivischen Dialoges auch in das Museum Neukölln hineinzutragen und damit der gesamten Stadtgesellschaft zugänglich zu machen."
Wenn es sich um einen multiperspektivischen Dialog handelt, findet man in der Ausstellung bestimmt auch Auszüge aus Bruce Gilleys Buch "Verteidigung des deutschen Kolonialismus". Die Ausstellung soll ja objektiv sein, nicht wahr? Aber Spaß beiseite: "Den Ausgangspunkt der Ausstellung bildet das umstrittene Gedenkensemble, das aus dem sog. 'HERERO-Stein' von 1907 und der sog. 'Namibia-Gedenkplatte', die 2009 konzipiert wurde, besteht.

Seit vielen Jahren gibt es regelmäßig Proteste und Interventionen, die sich in Angriffen mit Farbbeuteln oder Überschreibungen an dem Gedenkensemble manifestieren – wenn man so will, ist das Gedenkensemble zugleich Projektionsfläche konträrer Wertvorstellungen." Kein Witz. Das steht ernsthaft auf der Bezirkswebseite bezüglich der gemeinschädlichen Sachbeschädigung.

Nur wie passt das zu der Vermutung, dass manch einer den Friedhof bebauen möchte? Warum sollte man den Gedenkstein umgestalten, wenn sowieso irgendwann der ganze Friedhof bebaut wird? Ganz einfach: Zunächst einmal ist das hier Berlin. Das heißt, hier weiß die eine politische Hand oft nicht was die andere tut. Außerdem kann man einen im Sinne der Herrscher umgestalteten Gedenkstein auch umsetzen; ebenso wie man ein den Machthabern wichtiges Grab umbetten könnte. Die Befürchtung, dass der Friedhof, ebenso wie andere Zeugnisse der deutschen Geschichte und Kultur, ausgelöscht wird, ist also keineswegs vom Tisch, nur weil man womöglich noch andere Pläne mit dem Gedenkstein für die deutschen Afrikakämpfer hat. Zum Schluss heißt es auf der Bezirkswebseite: "Zur Veranschaulichung dieser Auseinandersetzung mit dem Gedenkstein bittet nun das Museum Neukölln die Zivilgesellschaft um Mithilfe: Wir suchen aktuelles und historisches Bildmaterial zum Gedenkensemble in all seinen unterschiedlichen

Facetten." Das alles klingt tatsächlich irgendwie so, als hätte man Pläne den Gedenkstein irgendwie zu beseitigen. Was der Tagesspiegel, der über den neuerlichen Anschlag berichtete, auch indikret bestätigte. Natürlich kann man davon ausgehen, dass diese "Umgestaltung" nur den für die deutschen Soldaten und nicht den für die toten Afrikaner negativ betreffen wird. Deren Steinplatte direkt am Stein der Deutschen wurde übrigens nie geschändet, was beweist: Die deutschen Gedenksteinbesucher sind ehrenhafter als die linksradikalen Weltbürger und lassen die Toten ruhen. Das Schwarzafrikaner den deutschen Stein geschändet haben, hält der Autor dieser Zeilen für unwahrscheinlich. Für gewöhnlich interessieren sich die meisten Schwarzen nicht für den inländerfeindlichen Irrsinn linksradikaler politisch Überkorrekter. Bestes Beispiel dafür ist die Koloniallismusausstellung in der Dortmunder Zeche Zollern. Diese wurde ziemlich lange von dem Youtuber Boris von Morgenstern besucht und der einzige schwarze Besucher war sein Kameramann :-).
Einzelfälle wie diesen gibt es leider zu tausenden. Deutschlandweit. Nicht selten sind es auch regierende Politiker, die Denkmäler für Bismarck oder Kaiser Wilhelm I weghaben und so unsere Kultur auslöschen wollen. Wundert es einen bei alldem, dass Elon Musk einen Bürgerkrieg in Europa befürchtet?

Fazit: Diese 16 Fälle und tausende weitere Fälle zeigen klar und deutlich wie schlecht es um unser Land und im Besonderen um unsere Hauptstadt Berlin bestellt ist. Die Frage ist, was kann man dagegen tun? Zunächst einmal feststellen das wirklich alles im Argen liegt. Auch bei der BVG, der Sie ein Interview gegeben haben. Dort passieren jede Menge unschöne Dinge. Wer möchte denn schon gerne in den öffentlichen Verkehrsmitteln von irgendeinem Typen auf Droge attackiert werden? Ich nicht, aber solche Dinge passieren. Sie haben natürlich recht damit, wenn Sie im BVG-Interview erzählen, dass jeder Mensch eine Geschichte zu erzählen hat. Nur habe ich wenig Interesse daran, Teil der Geschichte irgendeines Süchtigen zu werden, der mich in seinem Wahn absticht und dann als Schuldunfähiger in die Klapse kommt, wo er dann Freigang kriegt und wieder zuschlägt. Das ist ein großes Problem in unserer Gesellschaft. Einer Gesellschaft, in der man sich nicht einmal traut nachzufragen. Zum Beispiel wieso man die Leute, die offensichtlich auf Droge sind, frei herumlaufen lässt?

Und wo hat der Junkie seinen Stoff her? Aus Parks wie dem Görli oder dem Volkspark. Und warum können die Leute dort fast ungestört dealen? Weil die Politiker kaum etwas dagegen unternehmen! Alles hängt zusammen und der Fisch stinkt vom

Kopfe her. Man muss die Probleme beim Namen nennen und die Politiker auffordern sie zu lösen. Man muss mehr einfordern als nur Lippenbekenntnisse und zur Not auch sein Wahlverhalten ändern und gegen die Zustände protestieren.

Ich hoffe, ich konnte Sie auf die Zustände in diesem unserem Land und unserer Hauptstadt aufmerksam machen und Sie nutzen Ihre Reichweite, um etwas gegen die grauenhaften Entwicklungen in unserer Gesellschaft zu unternehmen.

Mit freundlichen Grüßen
Ihr Sie sehr schätzender Autorenkollege
Christian Schwochert

Sehr geehrte Damen und Herren von der BILD-Zeitung,

mit großem Interesse habe ich Ihr Manifest mit den 50 Punkten gelesen. Zunächst einmal großes Lob an Sie, dass Sie versuchen in unserem Land noch etwas zum Besseren zu wenden. Ob es gelingt Deutschland noch zu retten, steht in den Sternen.
Gerne möchte ich soweit es mir möglich ist zu den einzelnen Punkten, die Sie ja hier veröffentlicht haben, Stellung beziehen:
https://www.bild.de/politik/inland/politik-inland/deutschland-wir-haben-ein-problem-hier-lesen-sie-das-bild-manifest-85895408.bild.html
Einige Leute im Internet meinen ja, das Ganze sei eine Kriegserklärung von BILD an den Islam. Zumindest wurde das auf der youtube-Seite vom "Vermietertagebuch" so interpretiert. Aber schauen wir uns die Punkte einmal an; meine Meinung dazu habe ich in *kursiv* runter geschrieben:

1. Für jeden, der in Deutschland lebt, gilt Artikel 1 des Grundgesetzes: "Die Würde des Menschen ist unantastbar"!
Da haben Sie natürlich recht, aber alle anderen Grundgesetzpunkte gelten genauso. Es wäre im Übrigen schön, wenn Sie auf diese Menschenwürde auch hinweisen würden, wenn die Machthaber bei uns mal wieder Jagd auf Oppositionelle wie Daniel

Halemba machen.

2. Für uns gibt es keine Ungläubigen! Jeder kann glauben, an was er will – gern auch an den Weihnachtsmann.
Wow, vielleicht hatte der "Vermietertagebuch"-Typ recht und Sie wollen die Moslems wirklich ärgern. Na mal sehen, was dort noch weiter steht.

3. Wer unsere Verfassung und unsere Rechtsordnung für eine Ansammlung unverbindlicher Ratschläge hält, sollte Deutschland möglichst schnell verlassen.
Da haben Sie theoretisch sogar recht und ich würde Ihnen zustimmen, es aber anders formulieren: "Wer Deutschland nicht liebt, soll Deutschland verlassen!" Denn eine Verfassung haben wir nicht; wir haben ein Grundgesetz. Ein sehr schönes Grundgesetz, an dass sich aber auch viele Politiker und Konzernbosse und Konzernmitarbeiter nicht halten. Leider ist unser Grundgesetz (das eigentlich eines Tages durch eine vom Volk gewählte Verfassung abgelöst werden sollte; also offenbar doch keine Verfassung ist [zumindest klingt das so]. Dazu heißt es in Artikel 146: "Dieses Grundgesetz, das nach Vollendung der Einheit und Freiheit Deutschlands für das gesamte deutsche Volk gilt, verliert seine Gültigkeit an dem Tage, an dem eine Verfassung in Kraft tritt, die von dem deutschen

Volke in freier Entscheidung beschlossen worden ist.") vielen Leuten egal. Ich erinnere mich noch gut daran, wie es damals im Bildungswerk, als ich mich auf die "Informationsfreiheit" berief, hieß: "Hier gelten die Regeln des Bildungswerks". Also stehen diese, zumindest für die Ausbilderin Frau G., offenbar über dem Grundgesetz :-(.

4. Wer bei uns dauerhaft leben möchte, muss Deutsch lernen. Nur wenn wir dieselbe Sprache sprechen, werden wir uns verstehen.
Volle Zustimmung.

5. Jeder kann in Deutschland friedlich für seine Überzeugung demonstrieren. Zur freien Meinungsäußerung gehört nicht, Menschen zu bedrohen oder zusammenzuschlagen, Steine zu werfen, Autos anzuzünden, Mörder zu feiern.
Volle Zustimmung.

6. Wir vermummen oder verhüllen uns nicht, wir schauen uns ins Gesicht (es sei denn, es ist Karneval oder Corona).
Da muss ich Ihnen widersprechen. Haben nicht sogar Experten des Bundestages und sogar Richter festgestellt, dass die Coronapolitik rechtswidrig und schädlich war?

7. Respekt und Nächstenliebe tragen unsere freie Gesellschaft.
Volle Zustimmung.

8. Vor dem Hintergrund des dunkelsten Kapitels unserer Geschichte ist die Sicherheit Israels deutsche Staatsräson! Das heißt: Das Eintreten für die Sicherheit des jüdischen Volkes ist nicht verhandelbar. Kritik an der Politik Israels ist selbstverständlich erlaubt.
Tut mir leid, so sehr ich einige Juden auch persönlich gerne mag, aber die Sicherheit Israels ist meiner Meinung nach nicht deutsche Staatsräson. Die Sicherheit Deutschlands sollte deutsche Staatsräson sein. Für die Sicherheit Israels sind in erster Linie die dortigen Politiker zuständig. Ganz abgesehen davon, wie will die BRD mit einer Bundeswehr der es an so ziemlich allem mangelt die Atommacht Israel beschützen??? Mehr als ein paar warme Worte und etwas Geld werden die Politiker bei uns da wohl kaum aufbringen können.

9. Bitte recht freundlich: Wir sagen Bitte und Danke.
Gut, das ist jetzt nur eine Kleinigkeit, aber recht haben Sie damit natürlich trotzdem. Höflichkeit ist wichtig.

10. Wir geben uns zur Begrüßung oder zum Abschied gern die Hand.
Volle Zustimmung.

11. Wir verstehen die Polizei als "Freund und Helfer", nicht als Repressionsapparat oder als Feind, als Gegner.
Tut mir leid, aber NEIN! Nicht nachdem die Polizei in der Coronazeit Jagd auf harmlose Jugendliche gemacht hat (z.T. mit Hubschraubern), nur weil diese im Park an der frischen Luft waren! Nicht nachdem die Polizei friedliche Demonstranten mit Wasserwerfern, Pfefferspray und Schlagstöcken attackiert hat. Nicht nachdem die Polizei alle Coronamaßnahmen brav umgesetzt und Leute wegen Kleinigkeiten hohe Geldstrafen oder sogar Gefängnis angetan hat!
Nein, das sind nicht unsere Freunde. Wer ohne es zu hinterfragen die Häuser von Oppositionellen durchsucht und brav alles mitmacht obwohl er oft nicht mal weiß worum es geht, der ist nicht mein Freund!

12. Viele Deutsche essen Schweinefleisch. Es gibt bei uns übrigens fast 10 Millionen Vegetarier oder Veganer. Freiheit geht auch durch den Magen.

Volle Zustimmung.

13. Es gilt das Gewaltmonopol des Staates. Außer den staatlich beauftragten Organen hat niemand das Recht, Gewalt gegen Menschen oder Sachen auszuüben.

Also langsam frage ich mich, wer das eigentlich wie geschrieben hat? Hat jeder BILD-Mitarbeiter einen Punkt genannt der ihm wichtig war und ist der dann reingenommen worden? Der Staat darf Gewalt gegen Menschen oder Sachen ausüben?!
Unglaublich wie Sie da ticken! Sie klingen ja fast wie die katholische Kirche im Mittelalter, als sie die Todesstrafe damit rechtfertigte, dass angeblich alle weltliche Herrschaft von Gott käme! Andere meinen ja, der Teufel konnte Jesus damals nur deshalb die Weltherrschaft anbieten, weil die weltliche Herrschaft vom Teufel kommt. Aber wie auch immer; man sollte Gewalt nicht schönreden, auch und gerade nicht wenn sie vom Staat kommt. Ihrer Logik nach wäre dann ja jedes Verbrechen erlaubt, solange es nur der Staat begeht!

14. Wir akzeptieren, dass unser frei gewähltes Parlament die Regeln für unser Zusammenleben festlegt, die von unabhängigen Gerichten überprüft werden können.

Das höchste Gericht in der BRD ist das

*Bundesverfassungsgericht. Die Richter dort werden
vom Bundestag und vom Bundesrat ernannt.
Vielleicht forschen Sie auch mal nach wer die
Generalstaatsanwälte, die Verfassungsschutzchefs,
die Polizeichefs uvm so alles ernennt.*

15. Männer dürfen Männer lieben und Frauen
Frauen. Wer damit ein Problem hat, ist selbst das
Problem. Lieben und lieben lassen!
*Mir ist ehrlich gesagt scheißegal was die Leute in
ihren Betten machen, solange sie volljährig sind, es
im gegenseitigen Einvernehmen geschieht.*

16. Auch wenn sich jemand weder als Frau noch als
Mann fühlt, wird er oder sie nicht verfolgt oder
bestraft. Bei uns dürfen Bürger quer denken und
queer leben.
*Theoretisch ja und es wäre gut wenn es wirklich so
wäre. Praktisch werden Heterosexuelle von den
Blockparteien diskriminiert und Querdenker
sowieso. Schon mal von dem unschuldig in Haft
sitzenden Michael Ballweg oder dem derzeit
verfolgten Daniel Halemba gehört?*

17. Wir verstehen die Sozialbehörden nicht als
Arbeitgeber, sondern als Institution, die Menschen in
finanzieller Not hilft, Menschen, die nicht arbeiten

können. Nicht Menschen, die nicht arbeiten wollen.
Schon wahr, aber den Satz hätte man auch besser formulieren können.

18. Wir achten die Justiz, weil sie ohne Ansehen der Person urteilt.
Tut sie das? Darf ich Sie an all die BILD-Artikel erinnern, in denen Sie darüber berichteten, wie Vergewaltiger und Messerstecher Bewährung bekamen?

19. Im Schwimmbad tragen Frauen Bikini oder Badeanzug. Und wer gern nackt in der Ostsee baden möchte – auch okay!
Volle Zustimmung. Ich muss mir die Nackten ja Gott sei Dank nicht ansehen.

20. Frauen und Männer sind gleichberechtigt, in jeder Hinsicht.
So langsam bekomme ich das Gefühl, dieses Manifest beschreibt ein Deutschland wie die BILD-Zeitung es gerne hätte und nicht das Deutschland das wir derzeit haben. In der Praxis werden Männer wie Dreck behandelt weil sie Männer sind und Frauen weil sie Frauen sind.

21. Gleichberechtigung auch bei der Bezahlung von Arbeit (da müssen wir noch aufholen!)
Na immerhin das haben Sie erkannt.

22. Wir diskutieren kontrovers und leidenschaftlich, aber wir beleidigen Andersdenkende nicht.
Volle Zustimmung. So SOLLTE es sein.

23. Wir sind tolerant mit Toleranten.
Oh Mann, das klingt jetzt wie aus dem Parteiprogramm der Grünen. "Tolerant" sein muss man nur gegenüber Sachen die einem nicht gefallen. Deswegen nennt man es ja "Toleranz".

24. Und haben keinerlei Toleranz bei Intoleranz!
Aber seid Ihr dann nicht selbst intolerant? Das ergibt irgendwie keinen Sinn.

25. Wir verwenden Böller nur zu Silvester, also wenn es erlaubt ist.
Wurden Böller zu Silvester nicht in einigen Städten dieses Jahr verboten? War da nicht was in Berlin?

26. Wir verbrennen keine Flaggen von Staaten, die

wir nicht leiden können. Das ist ein Straftatbestand!
*Volle Zustimmung. Eigentlich ist es das, aber wenn
es mit der Deutschlandflagge passiert und die Täter
Linke sind, passiert für gewöhnlich nichts!*

27. Wir achten jede Religion, aber wir trennen klar
Religion von Staat.
*Volle Zustimmung, aber dann sollte man endlich mal
die Kirchensteuer abschaffen. Ich glaube zwar an
Gott, aber ich sehe nicht ein wieso wir zwei Kirchen
durchfüttern sollen, die dasselbe predigen wie die
Grünen im Bundestag.*

28. Frauen, die fremdgehen, werden nicht verstoßen
und schon gar nicht verprügelt oder gar gesteinigt!
Bei einer Scheidung gilt für die Kinder das
gemeinsame Sorgerecht. Es ist egal, wer das
Scheitern der Ehe verursacht hat.
*Volle Zustimmung. Und eigentlich wird das im Islam
auch anders geregelt; zumindest sollte es anders
geregelt werden. Bei Ehebruch soll die Frau
Hausarrest kriegen, solange bis sie ihre Tat bereut.
Aber Sie wissen ja wie das mit Regeln und Gesetzen
in der Theorie und in der Praxis ist; Recht hat wer
Macht hat.*

29. Man muss keine Jungfrau sein, um zu heiraten!

Volle Zustimmung.

30. Wer bei uns Schutz vor politischer Verfolgung oder Krieg sucht, bekommt ihn. Und selbst wer darauf keinen Anspruch hat, darf häufig bleiben. Dafür erwarten wir keine Dankbarkeit, auch wenn sie angebracht wäre. Was wir aber verlangen, ist die unbedingte Einhaltung unserer Gesetze und dass unsere Werte und unsere Art zu leben respektiert werden.
Zum ersten Satz: Volle Zustimmung. Aber die übrigen Leute sollten dorthin zurückkehren, wo sie und ihre Ahnen gelebt haben. Denn entgegen grünlinker Behauptungen haben wir eben keinen Platz mehr in Deutschland.

31. Wir verheiraten keine Kinder. Und auch Männer nicht mit mehr als einer Frau.
Volle Zustimmung.

32. Frauen entscheiden – wie Männer – selbst darüber, wie sie sich anziehen, mit wem sie befreundet sind, wen sie lieben, ob sie lieber in die Disco oder in die Kirche gehen, wen sie wählen und welchen Beruf sie ergreifen.
Volle Zustimmung. Nur ist es in der Praxis in Deutschland leider egal wen man wählt; Al Bundy

sagte einmal es sei wie bei der Ehe; "egal wen man wählt, das Ende ist übel. Es sei denn du bist reich." Lesen Sie dazu einmal Hansjörg Müllers Buch "Scheindemokratie" über das was er so alles im Bundestag erlebt hat und was für Seilschaften und Netzwerke es da so gibt. Und das scheint bei allen Parteien so zu sein.

33. Deutschland ist ein Land der Griller. Nach einem Picknick im Park nehmen wir unseren Müll wieder mit.
Sollte bei uns selbstverständlich sein.

34. Messer gehören bei uns in die Küche und nicht in die Hosentasche.
So sollte es sein.

35. Wir zahlen Steuern, weil wir wissen, dass sie das Fundament des Staates sind.
Nein, das Fundament dieses Staates ist die Militärmacht der USA, die uns gewiss (ebenso wie die Niederlande) wegbomben wird, wenn hier nicht brav alles nach Uncle Sams Willen läuft. Hier mal der Link zu der Drohung gegen unsere Nachbarn:
https://www.spiegel.de/politik/ausland/international es-strafgericht-us-kongress-droht-niederlanden-mit-invasion-a-200430.html

Würde die BRD eigentlich auch Flüchtlinge aus den Niederlanden aufnehmen, wenn die USA Krieg gegen unseren Nachbarn führen? Und auf wessen Seite stünde die BRD dann? Auf der Seite der Niederländer, mit denen uns eine jahrhundertelange Geschichte und eine gemeinsame Kultur verbindet? Oder auf der der USA? Ich denke, Sie kennen die Antwort.

36. Wenn eine Frau Nein zu einem Mann sagt, gilt das ohne Wenn und Aber. Alles andere erfüllt den Straftatbestand der sexuellen Belästigung oder der Vergewaltigung.
Also das ist etwas schwammig formuliert. Wenn meine Kollegin mir meinen Stift klaut und ich ihr sage "Gib das wieder" und sie sagt "Nein" zu mir als Mann, ist dass dann auch ein Straftatbestand? Mann, also den ersten Satz hätte man bei BILD besser überdenken müssen. Aber ansonsten stimmt's natürlich.

37. Wir erwarten von jedem, der kann und darf, dass er sich um Arbeit bemüht und für seinen Lebensunterhalt selbst aufkommt – selbst dann, wenn Sozialhilfe oder Bürgergeld – zunächst höher sein sollten als der Lohn.
Ja, so sollte es sein.

38. In Deutschland gibt es Schulpflicht. Wir glauben an die Bedeutung von Bildung und Lernen.

Oh Mann, haben Sie sich die Schulen in unserem Staat einmal angesehen?! Wissen Sie wie brutal einige Grundschullehrer bei uns manchmal mit Kindern umgehen. Kinder werden abgezogen, aber nicht nur von stärkeren Mitschülern, sondern auch von Lehrern. Meinem Kumpel Naro haben die Lehrer damals alle Pokemonkarten geklaut; die wären heute zehntausende Euro wert! Die Schulpflicht in der BRD ist das Letzte. Fragen Sie sich mal wieso Japan und die USA so erfolgreich sind? Weil es eine Schulpflicht wie bei uns dort vielerorts nicht gibt! Die Kinder werden nicht in diese Halbtagsgefängnisse verfrachtet und entsprechend auch nicht gefoltert! Nein, die Schulpflicht mag zur Zeit Friedrichs des Großen Sinn gemacht haben, als Kinder dort noch nur so simple Dinge wie Mathe, lesen, schreiben gelernt haben, aber was lernen sie denn heute? Freitags auf Klimademos zu gehen, mit Erlaubnis der Lehrer und Rektoren. Ob sie auch die Erlaubnis gehabt hätten, Freitags "gegen die Umvolkung" zu schwänzen?! Wohl kaum. Die Kinder werden in den meisten Schulen linksgrün indoktriniert und die grundsätzlichen Dinge wie Mathe, lesen und schreiben bleiben auf der Strecke!

39. Wir machen in Bussen und Bahnen den Platz frei für Ältere und Menschen mit Behinderung.
Ja, das sollte so gemacht werden.

40. Prost, Deutschland! Hierzulande gehören Bier und Wein zur Kultur. Das sollte man respektieren, und wer nicht trinken will, der lässt es.
Richtig.

41. Wie lang oder kurz der Rock ist, entscheidet allein die Frau, die ihn trägt.
Genau.

42. Wer es nicht erträgt, dass Politiker, Show-Stars, Götter oder Propheten karikiert werden, ist in Deutschland nicht richtig.
Das mag sein, aber dieser Logik müssten so ziemlich alle Politiker Deutschland verlassen. Was sie aber wohl leider nicht tun werden.

43. Die Medien hinterfragen die Politiker, aber wir vertrauen grundsätzlich darauf, dass die Gewählten wahrheitsgemäß und zum Wohle des Volkes entscheiden.
Im Ernst. Also von "hinterfragen" war in der Coronazeit nicht viel zu sehen. Und warum sollten

wir den Politikern vertrauen? Lesen die
Mainfestautoren eigentlich auch mal die Artikel der
eigenen Zeitung über die Machthaber in diesem
Land?

44. Ehre bedeutet nicht das Recht des Stärkeren.
Stimmt, aber was bedeutet Ehre dann für Sie?

45. In den sozialen Netzwerken sind Respekt und
Wertschätzung genauso selbstverständlich wie im
Supermarkt oder auf dem Amt.
Sollte man meinen.

46. Wir versuchen, die Umwelt zu schützen,
Ressourcen zu schonen. Nachhaltigkeit ist Zukunft.
Hier wäre es nett gewesen, wenn Sie ein paar
sinnvolle Umweltschutzmaßnahmen aufgelistet
hätten.

47. Deutschland hat ein Herz für Kinder. Sie werden
nicht geschlagen, sondern gefördert.
Richtig, so sollte es sein, aber sagen Sie das mal
meinen und Naros Grundschullehrerinnen!

48. Cat Calling, also Frauen hinterherzupfeifen oder

-rufen, ist Belästigung.
Das sehen die Italiener bestimmt anders. Und die italienischen Frauen sind oftmals sogar überrascht, wenn man ihnen nicht hinterherpfeift und fragen sich, ob sie plötzlich nicht mehr attraktiv sind? Ich finde im Übrigen auch nicht das dies Belästigung sein soll.

49. Bei uns dürfen Jungen und Mädchen gemeinsam auf Klassenfahrt, in den Sport- und Schwimmunterricht.
Ja, nur ob die Klassenfahrt allzu viel Spaß macht, wenn einige Lehrer einen ständig schikanieren?

50. Wir lieben das Leben und nicht den Tod.
Sehe ich auch so, aber nun stoßen Sie die Inder mit ihrem Anbeten von Kali vor den Kopf. Kann mir aber egal sein...

Zusammengefasst lässt sich von meiner Warte aus sagen, dass ich einigen Ihrer Punkte durchaus zustimmen kann und Deutschland sicherlich besser wäre, wenn man sich in der Realität an so manches von dieser Liste halten würde. Allerdings geht einiges doch an der Realität vorbei und setzt sowohl eine funktionierende Demokratie als auch einen funktionierenden Rechtsstaat voraus. Und vor allem setzt es bessere Menschen voraus und das ist leider ziemlich unrealistisch.

Trotzdem danke für diese netten Ideen.

Mit freundlichen Grüßen
Christian Schwochert

P.S.: Ich stelle fest, dass das kursiv schreiben zwar in meinem E-Mailkonto funktioniert, aber leider nicht auf der Kontaktseite Ihrer BILD-Webseite. Deswegen hätte ich es gerne lieber per Mail versendet, aber Ihre Mailadresse war auf der Webseite leider nicht zu finden.

P.P.S: Nachdem ich versucht habe meine Nachricht auf der Kontaktseite zu versenden, klappte dies irgendwie nicht und es kam eine Fehlermeldung. In der stand dann sinnvollerweise eine Mailadresse der BILD :-).

Sehr geehrte Damen und Herren von der FDP,

mit großem Interesse habe ich Ihren Antrag "Freiheit sichern, Werte schaffen – für eine wehrhafte liberale Demokratie in Deutschland und Europa" gelesen. Ein sehr interessanter und gewiss auch notwendiger Antrag; zumindest dem Titel nach:
https://www.fdp.de/seite/antrag-1001-freiheit-sichern-werte-schaffen-fuer-eine-wehrhafte-liberale-demokratie
Sehen wir uns diesen Antrag doch mal Punkt für Punkt an; ich erlaube mir dabei meine Meinung (bzw. meine Anmerkungen) zu den einzelnen Punkten in Kursiv darunterzusetzen. Keine Bange, ich werde hier jetzt nicht alles wortwörtlich wiedergeben, aber einiges ist eben doch wichtig, sodass man sich näher damit beschäftigen muss:

Ihr Antrag beginnt mit den Worten: "Wir erleben einen Zeitenwechsel. Wir stehen im Systemwettbewerb mit Diktaturen und Autokratien." *Da ergeben sich für mich gleich mehrere Fragen: Welche Staaten meinen Sie mit "Diktaturen und Autokratien."? Und welche Vorteile hatte die BRD in den letzten 25 Jahren davon, dass sie dem Namen nach keine Diktatur ist? Was bedeutet eigentlich Diktatur? Einige würden sagen: "In Diktaturen herrscht keine Meinungsfreiheit und man kommt wegen Meinungsdelikten ins Gefängnis". Haben Sie von Daniel Halemba gehört? Der soll wegen Meinungsdelikten und ohne vorherigen Gerichtsprozess in den Knast; "Untersuchungshaft" nennen die das. Das bedeutet, dass man für eine ganze Ewigkeit hinter Gittern sitzt, obwohl man womöglich unschuldig ist. Ist das demokratisch oder freiheitlich? Wohl kaum! Wie demokratisch ist ein Staat, in dem man wegen Meinungsdelikten vor Gericht oder in den Knast muss?*

Aber sehen wir uns Ihren Antrag weiter an: "Unser heutiger Wohlstand und unsere Sicherheit sind unter diesen Herausforderungen für morgen nicht selbstverständlich garantiert. Unsere Art zu leben, gilt es zu verteidigen: unsere Freiheit, unsere Demokratie, unsere Soziale Marktwirtschaft. Wir müssen auf allen Ebenen unsere Resilienz stärken: Denn es geht im Kern um die Behauptung der liberalen, freiheitlichen Demokratie!"
Wie gesagt, wo sind wir in Deutschland demokratisch? Volksentscheide, also direkte Demokratie gibt es bei uns kaum und wenn dann werden dort Tricks angewandt, damit sie umgangen werden. In der Uckermark fand man immer wieder Ausreden, warum es keinen Volksentscheid geben soll. Das können Sie gerne hier nachlesen: https://www.rbb24.de/studiofrankfurt/politik/2023/09/prenzlau-uckermark-landraetin-fluechtlinge-unterkunft-buergerbegehren.html

"Der geplante Bürgerentscheid über eine neue Unterbringungseinrichtung für Flüchtlinge in Prenzlau ist nach Angaben der Uckermark-Landrätin Karina Dörk (CDU) unzulässig", heißt es dann einfach nur. Gründe? Werden offenbar nicht benötigt!

Und überhaupt; wie sieht denn "unsere Art zu leben" aus? Sehen Sie sich unser geburtenarmes, durch linke Politik degeneriertes Land doch mal an! Sehen Sie sich beim CSD in Berlin die Typen an, die fast nackt Süßigkeiten an Kinder verteilen!

Ganz ehrlich: Bevor man sagt man will unsere Art zu leben verteidigen, sollte man erstmal klar definieren, was unsere Art zu leben sein soll und was unsere Gesellschaft ausmacht!

Im Übrigen hatte Ihre Partei ja wohl mehr als genug Zeit, sich für unser Land und Volk einzusetzen und stattdessen haben Sie (besonders seit der neuen rot-gelb-grünen Regierung im Bund) praktisch jeden Mist mitgetragen, den die Koalitionspartner machen wollten! Und davon war es genauso! Ihr Kollege Wolfgang Kubicki ist durch die Talkshows getingelt und hat den Coronamaßnahmenkritiker gespielt; aber denken Sie ernsthaft die Leute haben sein darauf folgendes Abstimmungsverhalten im Bundestag vergessen?!

Aber gut, sehen wir uns den Antrag weiter an: "Putins Invasion in die Ukraine ist ein Angriff auf die europäische Friedensordnung. Hierdurch ist eine humanitäre Katastrophe ausgelöst und unfassbar großes menschliches Leid verursacht worden. Der Krieg in der Ukraine, wenige Flugstunden von Deutschland entfernt, und die offen feindseligen Drohungen, aber auch hybriden Maßnahmen seitens des Regimes Putin gegenüber Demokratien weltweit, haben uns in Deutschland deutlich gemacht, wie sehr wir die Fähigkeit zur Verteidigung unseres Friedens und unserer Freiheit in den vergangenen Jahrzehnten vernachlässigt haben."

Du liebe Güte! Jetzt geht es wieder mit Putin los. Hat Frau Strack-Zimmermann den Antrag geschrieben oder was?! Falls Sie es vergessen haben: In der Ukraine herrscht jetzt seit fast einem Jahrzehnt Krieg und bevor nun Millionen vor Putin nach Westen geflüchtet sind, sind in den Jahren davor Millionen zu Putin nach Osten geflüchtet! Sollte einem zu denken geben...

Ja, Putin droht uns, aber erstens wird er vom Westen nicht weniger heftig bedroht und zweitens hat der Mann früher viele Jahre in Deutschland gelebt und eine ganze Zeit lang mochte er Deutschland. Aber besonders die BRD-Außenminister der vergangenen Jahre und generell die BRD-Politiker haben es geschafft aus einem ehemals deutschenfreundlichen Politiker einen Mann zu machen, der uns wahrscheinlich hasst. Ich frage mich ob das so beabsichtigt war? Soll Putin uns hassen?! Ist das politisch vom Westen gewünscht?!

Fakt ist: Unter Schröder und selbst bei Beginn der Merkeljahre mochte er uns noch. Was hat sich verändert? Ja, natürlich kam von Seiten der BRD-Politiker immer wieder Kritik an Putins Außen- und Innenpolitik; vielleicht zurecht. Aber wo war die ähnlich berechtigte Kritik, wenn die USA oder Frankreich Bombenangriffe auf Syrien, Libyen oder Afghanistan geflogen sind? Haben Sie mal nachgeschaut wie viele unschuldige Zivilisten in Afghanistan durch Drohnen ermordet wurden? Und von wo wurden die Drohnen gesteuert? Nicht selten von Ramstein aus! Wo ist da der Aufschrei nach Menschenrechten?! Warum hat die FDP dagegen nie etwas unternommen?

Ich kann Ihnen sagen warum: Weil nach Westerwelles "Nein" zur Bombardierung Libyens die FDP von den globalistischen Eliten fertiggemacht wurde und infolgedessen aus dem Bundestag flog. Im Anschluss wurde die FDP rückradlos und die AfD erstarkte. Um dann die AfD kleinzuhalten wurde die FDP wieder hochgejubelt und jetzt sitzt sie an der Regierung und verhält sich brav politisch korrekt.

Weiter im Text (den ich diesmal nicht kursiv mache, da ich kaum von Ihnen zitiere, also nicht groß unterscheiden muss): Als Nächstes lassen Sie sich über die wirtschaftlichen Folgen des Krieges aus und über die der Coronakrise. Dabei blenden Sie aus, dass beides eigentlich Folgen der eigenen Sanktionen und der eigenen Coronamaßnahmen sind! Beides Dinge, die Ihre Partei maßgeblich mitträgt. Dann wollen Sie die "Handlungsfähigkeit Deutschlands" stärken. Natürlich durch Aufrüstung. Falls es Ihnen noch niemand gesagt hat: Krieg ist eine tolle Sache; IN FILMEN UND IN ROMANEN! Aber nicht in der Realität! Und glauben Sie im Ernst dass, abgesehen von ein paar Söldnern, wirklich ernsthaft jemand bereit ist für die BRD zu kämpfen?!

Für Deutschland, sicher, aber ganz bestimmt nicht für diesen Staat. Für das eigene Dorf, die eigene Familie oder für irgendeine gleichgesinnte Partisanentruppe, aber für diesen Staat? Glauben Sie wirklich, dass die Mehrheit der Bundeswehrsoldaten (egal wie gut sie aufgerüstet werden!) sich zwischen die russische Armee und den Bundestag stellen?! Wofür sollen sie denn kämpfen?

Dafür nicht von Fremden vergewaltigt und ermordet zu werden? Tja, Pech! Diesem Risiko sind wir alle dank einer jahrzehntelangen grottenschlechten Politik sowieso tagtäglich ausgesetzt! Warum sollte dann irgendjemand eine Uniform anziehen und sich zur Zielscheibe für die Russen machen lassen; nur damit die dann erst recht auf einen aufmerksam werden? Ganz ehrlich: Da wird sich der durchschnittliche Bürger doch lieber in irgendeinem Loch verstecken, die russische Armee durchlassen und gut ist. Im Übrigen: Welchen Unterschied würde es denn machen, wenn Putin sich Deutschland einverleibt? Was macht seine Diktatur für den kleinen Mann auf der Straße schlimmer als die BRD-Demokratie?

Wegen Meinungsdelikten wird man auch bei uns verfolgt; siehe Daniel Halemba! Und was die Pressefreiheit anbelangt, so findet in Russland wohl eine erzwungene Gleichschaltung statt, aber die Presse bei uns muss man dazu gar nicht erst zwingen. Okay, die Gefängnisse in Russland sind gewiss ekliger als die bei uns. Tja, vielleicht kämpfen ja dann einige Leute in einem zukünftigen Krieg mit Russland dafür im eigenen Knast zu sitzen, anstatt im Russischen.

Als nächsten Punkt schreiben Sie folgendes: "Unsere Freiheit und unsere Sicherheit haben einen Preis. Wir müssen uns auch darauf einstellen, dass der Krieg in der Ukraine unsere freiheitliche Soziale Marktwirtschaft durch eine hohe Inflation zusätzlich unter Druck setzt."

Jetzt im Ernst?! Sie schieben die Inflation dem Ukrainekrieg in die Schuhe?! Hallo! Die war vorher schon da; genau genommen begann sie bereits mit der Einführung des (T)Euro. Sie kommt nicht vom bösen Putin, sondern sie ist hausgemacht. Zum Einen weil die Regierungen bei uns nicht wirtschaften können, keine Ahnung von Energieversorgung haben und zum anderen, weil

*wir uns eine Währung mit Ländern teilen, die völlig
andere Mentalitäten und Wirtschaftssysteme haben!*

Der Spruch "Ohne Vertrauen keine Sicherheit und
keine Freiheit" mag zwar stimmen, aber angesichts
dessen das unser Land im Inneren immer unfreier
wird, wird mir davon schlecht. Wem im Bundestag
soll man denn bitte sehr vertrauen?
Im Anschluss fordern Sie in dem Papier
Entlastungen und beklagen steigende Energiepreise.
Dann aber heißt es: "Zugleich erfordern die
Transformation von Wirtschaft und Gesellschaft in
Richtung Klimaneutralität und die Digitalisierung
enorme Kraftanstrengungen von uns allen."
*Mal im Ernst: Soll das ein Witz sein?! Die absurde
"Transformation" ist doch der Grund für die
steigenden Energiepreise! Eine "Transformation",
die Ihre Partei (ebenso wie die von oben
aufgezwungene Transformation in eine
multikulturelle Gesellschaft zu der die Deutschen
nie per Volksentscheid befragt wurden ob sie es
überhaupt wollen!) uns mit aufgezwungen hat!
Halten Sie die Wähler eigentlich für bescheuert?!
Glauben Sie, niemand liest Ihre Anträge und schaut
da mal kritisch nach?*

Dann wird auf einen Reformstau verwiesen, gegen
den Sie in all den Jahrzehnten die Sie im Bundestag

sitzen ja schon längst mal etwas hätten machen können. Im Anschluss wieder ein Verweis auf den Ukrainekrieg und dann kommen Sie mit "Regierungsauftrag nutzen – sichere Zukunft gestalten". Äh, ich kann mich auch irren, aber sind Sie nicht schon lang an der Regierung und hätten dafür genügend Zeit gehabt?

"Wir Freie Demokraten wollen Freiheit sichern und Werte schaffen", heißt es bei Ihnen. Frage: Welche Werte wollen Sie schaffen? Werte gibt es bereits, man muss sie wie die alten preußischen Tugenden nur wieder ausgraben. Neue Werte kann man nicht schaffen; die Werte sind bereits alle da. Oder meinen Sie finanzielle Werte, also Kohle scheffeln?

Tja und dann kommen die Punkte. Punkt 1 oder römisch I lässt sich wie folgt zusammenfassen: AUFRÜSTUNG, AUFRÜSTUNG, AUFRÜSTUNG! Offenbar ein Antrag ganz im Sinne von Frau Strack-Zimmermann. Was würden wohl Guido Westerwelle, Jürgen Möllemann oder Erich Mende dazu sagen. Letzterer hat, anders als wohl die meisten heutigen FDPler, tatsächlich mal in einem Krieg gekämpft. Leider ist er schon lange verstorben, aber vielleicht hat er ja Erlebnisberichte hinterlassen, wie das im Krieg so war und vielleicht sollten Sie die mal lesen. Oder einfach mal die

Veteranentreffen und Gedenktage der Bundeswehr besuchen und die Soldaten fragen, was sie über den Krieg denken!

Unter "II. Eine fortschrittliche und krisensichere Infrastruktur" heißt es unter anderem: "Deutschland braucht eine fortschrittliche, leistungsfähige und gut geschützte Infrastruktur. Sie muss für die Herausforderungen des 21. Jahrhunderts gerüstet sein."
Da ist gewiss etwas dran, aber warum haben Sie das nicht längst gemacht? Zum Beispiel in der jetzigen Regierung oder als Sie mit Merkel regiert haben? Oder in den Bundesländern wo sie mit regieren oder regiert haben? Oder in den Städten...
Dann heißt es: "Unsere Energieversorgung müssen wir für die Zukunft sichern und unabhängiger von Energieimporten machen. Deutschland muss sich dazu bei den Energieträgern breiter aufstellen, seine Reserven bei Gas und Kohle erhöhen sowie den Ausbau der erneuerbaren Energien vor allem durch schnelle Planungs- und Genehmigungsverfahren erheblich beschleunigen."
Die sogenannten "erneuerbaren Energien" zerstören zum Teil massiv unsere Umwelt; für Windräder sterben etliche Bäume, nur damit die Dinger dann nach ein paar Jahren doch wieder abgerissen werden. Das Betonfundament wird jedoch dann dagelassen und so geht wertvoller Boden verloren.

Ganz zu schweigen von all den Vögeln,
Fledermäusen und Insekten, die durch diese Dinger
geschreddert werden!
"Der Bau von LNG-Terminals zum Import von
Flüssiggas insbesondere in Brunsbüttel, Stade und
Wilhelmshaven muss so schnell wie möglich
umgesetzt werden."
Ist das nicht ein Widerspruch zum eben
geschriebenen? Ich dachte, wir sollten uns
"unabhängiger von Energieimporten machen"?

Dann kommt ein bisschen Fachchinesisch und im
Anschluss Wunschdenken über die Digitalisierung.
Merkt Ihre Partei eigentlich, dass die Netze bei uns
ohnehin schon überlastet sind und es ständig
Ausfälle im Netz gibt? Erst gestern (also am 29.10.)
bei Yahoo gab es tausende Störungen! Im Anschluss
heißt es von Ihnen:
"Die Rollen Deutschlands und der Europäischen
Union und deren Beiträge zur weltweiten
Ernährungssicherheit müssen wir stärken."
Wieso? Wieso ist es Deutschlands Aufgabe andere
Länder zu ernähren? Nichts gegen andere Länder
und Völker, aber vielleicht sollte man erstmal das
eigene Land in Ordnung bringen, bevor man anderen
Staaten hilft? Bei uns gibt es auch Menschen, die
unter der Armutsgrenze leben und nicht genug zu
essen haben!

"Kritische Infrastrukturen (KRITIS) wollen wir vor Angriffen und hybriden Bedrohungen schützen."
Ja, das wollen Sie zu Recht. Nur wie soll das in der Praxis aussehen, wenn jeder Klimakleber ausreicht um für stundenlange Staus zu sorgen und man mit einer irgendwo anonym gekauften Drohne einen ganzen Flughafen lahmlegen kann, indem man sie dort herumschwirren lässt? Ganz ehrlich: Ich glaube nicht, dass Sie da wirklich einen Plan haben, zumal Frau Merkel (mit der Sie ja mal regiert haben), in der Richtung auch nicht viel gemacht hat. Und auch in der jetzigen Regierung sieht es nicht so aus als ob da was Sinnvolles bei herauskommt.

"Die Cybersicherheit müssen wir im digitalen Zeitalter stärken. Deshalb brauchen wir eine tatsächlich umsetzbare und agile Cybersicherheitsstrategie. Unternehmen, die umfangreichen Einflussmöglichkeiten autoritärer Regime unterliegen, sollen zudem beim Ausbau kritischer Infrastruktur, wie dem 5G-Netz, nicht beteiligt werden."
Das ist wahr, aber wurden diese Unternehmen nicht schon längst beteiligt. Und wie definieren Sie "autoritäre Regime"? Meinen Sie damit all jene Regime, in denen es nur eine politische Partei gibt oder auch all jene, in denen es zwar mehr Parteien gibt, die Opposition aber verfolgt und unterdrückt

wird? Und was machen Sie, wenn die betroffenen Regime dann die Handelsbeziehungen zu Deutschland abbrechen, mit dem Argument, dass bei uns die Menschenrechte durch Verfolgung von Oppositionellen und Polizeigewalt gegen Demonstranten verletzt werden? Ich darf hierbei an die Sorgen des UN-Berichterstatters von vor zwei Jahren erinnern:
https://www.faz.net/aktuell/politik/inland/un-wollen-stellungnahme-zu-polizeigewalt-auf-querdenken-demos-17472673.html
Und an die Schlagzeile "Amnesty-Jahresreport kritisiert Einschränkungen in Deutschland", wo es um die Einschränkung der Menschenrechte bei uns geht.

Dann reden Sie von modernerer Infrastruktur, mehr Katastrophen- und Bevölkerungsschutz. Wichtige Punkte, aber nochmal: Alles Dinge, die Sie längst hätten durchführen können! Zur Not auch im Bundestag mit den Stimmen von Union und AfD.

Bei "III. Wohlstand durch Soziale Marktwirtschaft und stabile Finanzen" werden dann wieder "Diktaturen und Autokratien". Das klingt wie das Gerede von den "demokratischen Parteien" in Talkshows; so als ob man sich immer wieder selbst versichern müsse, wo man zu stehen glaubt.

Immerhin lehnen Sie neue Steuern ab, aber das tut die AfD auch. Tun das nicht offiziell sowieso alle Parteien? Ich meine, wer zieht schon in den Wahlkampf und sagt: "Wir wollen die Steuern erhöhen?"

Dann heißt es bei Ihnen: "Gleichzeitig gilt es, dem weiteren Anstieg der Inflation entgegenzuwirken. Sie enteignet Verbraucherinnen und Verbraucher sowie Sparerinnen und Sparer gleichermaßen. Die Inflationsbekämpfung ist in erster Linie Aufgabe der unabhängigen Europäischen Zentralbank."

Ja, dann können Sie den Anstieg der Inflation doch gar nicht verhindern! Denn die Zentralbank mit ihrer Gelddruckerei ist doch einer der Gründe für ebendiese. Sie wollen also im Prinzip, dass der Fuchs, der regelmäßig den Hühnerstall plündert, besagten Stall bewacht!

Dann geht es um die Demografie. Die Lösungen "Geburtenförderung" und "Abtreibungserschwerung" kommt Ihnen jedoch leider nicht über die Lippen. "Eine neue Euro-Schuldenkrise wollen wir mit aller Kraft verhindern", schreiben Sie. Mag sein, aber die alte Krise war nie weg; sie wurde und wird medial nur mit anderen Sachen überlagert, die noch schlimmer sind.

"Wir wollen Deutschland zu einer Gründer- und Start-up-Nation machen. Junge Unternehmen und Start-ups tragen mit innovativen Ideen und Geschäftsmodellen zu unserer Wirtschaftskraft bei. Ziel muss es sein, den Zugang zu Wagniskapital zu erleichtern. Dazu wollen wir den Zukunftsfonds auch für Pensionskassen, Versorgungskassen und Versicherungen öffnen. In der Beteiligung an der 'European Tech Champions Initiative' (ETCI) sehen wir einen wichtigen Schritt zur Förderung europäischer Technologie-Start-ups."

Klingt gut, nur sind die bereits vorhandenen Steuern und die absurde Energiepolitik Ihrer Regierung zwei der Gründe warum kaum jemand in Deutschland neue Unternehmen gründet, sondern stattdessen Unternehmen abwandern und gut qualifizierte Deutsche und Migranten auswandern! Also wird das mit der "Gründernation" nichts; selbst wenn keine neuen Steuern kommen, sind vielen die bereits vorhandenen einfach zu viel.

"Forschung und Entwicklung sind der Schlüssel, um mittels Innovationen die Transformation voranzutreiben. Schlüsseltechnologien wie Künstliche Intelligenz, Quantentechnologien, Bio- und Gentechnik oder Robotik bieten enorme Chancen für eine moderne und nachhaltige Gesellschaft."

Mag sein, nur werden stattdessen eben leider

"Genderstudies" und ähnlicher Humbug gefördert.

Dann wird mehr Freihandel gefordert, ohne dass darauf geachtet wird, ob die Produkte auch unseren nicht ohne Grund eigentlich sehr hohen Qualitätsstandards entsprechen. "Made in Germany" ist früher eine gut besetzte Marke gewesen; auch wenn die Briten damit damals das Gegenteil erreichen wollten.

Dann fordern Sie: "Zugleich wollen wir die Zuwanderung qualifizierter Fachkräfte erleichtern, indem wir das Fachkräfteeinwanderungsgesetz weiterentwickeln und eine Chancenkarte auf Basis eines Punktesystems einführen."

Ähnliches fordern andere Parteien auch. Eigentlich sogar alle anderen Parteien! Was wir aber eigentlich bräuchten ist, dass bei uns im Land wieder mehr Kinder geboren werden, die dann später zu Fachkräften werden. All die Länder aus denen wir geeignete Fachkräfte haben könnten (wie Südkorea oder Polen) haben selbst zu niedrige Geburtenraten. Gut, Indien hat das Problem nicht, aber Inder kommen meistens nicht nach Deutschland sondern gehen in die USA oder nach Großbritannien. Warum wohl? Vielleicht weil sie dort weniger Steuern zahlen müssen...

Dann haben Sie sich ein bisschen was

Klimaschutzmäßiges gegönnt, obwohl Deutschland eigentlich keinen nennenswerten Einfluss auf das Weltklima hat und China sowie die USA auf das alles nicht viel geben. Der nächste Punkt ist wieder was mit Klimaschutz; so als ob die FDP nicht bemerkt hat, dass die bisherigen Klimamaßnahmen unsere Wirtschaft ebenso zu Grunde richten wie vorher die Coronamaßnahmen.

Es folgt der Punkt "IV. Freiheit durch Demokratie und Rechtsstaatlichkeit". Der ganze Punkt hätte auch eins zu eins von den Grünen geschrieben worden sein können. Da wird ernsthaft behauptet, wir hätten eine "pluralistischen Medien- und Kulturlandschaft". Komisch nur, dass die Leute dort in allen wesentlichen Punkten irgendwie immer einer Meinung zu sein scheinen.
Dann kommen ein paar wohlklingende Floskeln für all diejenigen die bis hierhin durchgehalten haben und es heißt man wolle "das Wahlrecht modernisieren". Was immer das bedeuten mag; es wird nicht näher erklärt. Will man das Wahlalter auf 12 senken? Wird dann auch die Strafmündigkeit auf 12 gesenkt?
Eine "klimaneutrale Lebensweise" wollen Sie auch. Ja, wie soll das denn gehen? Das ist doch Wunschdenken und überhaupt; wozu soll das gut sein? Deutschland produziert weniger als 2 Prozent an CO_2 in der Welt; selbst wenn wir das auf 2

Prozent aufrunden ist jeder Deutsche im Prinzip theoretisch für ein Zweiundachtzigmillionstel dieser 2 Prozent verantwortlich.

Aber Sie wollen etwas für den Klimaschutz tun? Gerne! Dann hören Sie und alle anderen Politiker auf andauernd mit Flugzeugen durch die Welt zu reisen und regeln Sie ihre Angelegenheiten per Videochat!

"Die liberalen Demokratien Europas müssen besser gegen Desinformation und Einflussnahme geschützt werden."

Und wer entscheidet was "Desinformation" ist? Bisher hat sich fast jede "rechte Verschwörungstheorie" als wahr herausgestellt. Werden Sie mit den Grünen ein "Wahrheitsministerium" einrichten? Ach Moment! Laut Julian Reichelt haben wir ein Solches ja bereits: https://de.linkedin.com/posts/julian-reichelt_faesers-neues-wahrheitsministerium-wer-politiker-activity-6942501588817072128-kEX2 Hm, dann soll dieses Ministerium wohl einfach noch mehr Steuergelder bekommen, aber müsste man dafür nicht die Steuern erhöhen? Wollten Sie das nicht vermeiden?

"Gegen verdeckte Parteienfinanzierung aus dem Ausland muss auf europäischer Ebene einheitlich vorgegangen werden", sagen Sie. Weiter unten heißt es jedoch: "Auf Grundlage des Urteils des Europäischen Gerichtshofs gegen Ungarn und Polen vom 16. Februar 2022 muss der Rechtsstaatsmechanismus nun zügig zur Anwendung kommen." Das im Bezug darauf, dass ihnen "Finanzmittel aus dem EU-Haushalt gekürzt werden müssen".

Also nur weil diese Länder nicht so wollen wie die FDP soll ihnen das Geld gekürzt werden (im Übrigen hat Polen vor Kurzem neu gewählt; gilt diese Forderung also immer noch? Und kam Ihre Forderung nicht erst heraus, nachdem Polen neu gewählt hat? Ist es also egal wer Polen regiert; Sie wollen in jedem Fall Sanktionen?). Ist das Ihre Auffassung von Freiheit? Im Übrigen gehen Ungarn und Polen mit ihren Gesetzen auch gegen die von ihnen zuvor angeprangerte verdeckte Parteienfinanzierung und die Finanzierung von linken NGOs vor; also handeln sie eigentlich im Sinne der FDP. Oder soll etwa nur gegen Finanzierung vorgegangen werden, falls sagen wir die AfD Spenden aus dem Ausland bekommt? Und wie definieren Sie eigentlich generell Spenden aus dem Ausland? Haben nicht alle größeren Unternehmen, die auch Ihnen Geld spenden, auch Zweigstellen im Ausland, mit dem sie Geld verdienen? Und stammt dieses Geld dann nicht auch irgendwie aus dem Ausland?

Dann werden noch weitere Sanktionen gegen Menschenrechtsverletzungen gefordert. Inwieweit sich die BRD dabei eigentlich selbst sanktionieren müsste, sei mal dahingestellt. Aber ganz abgesehen davon sind weitere Sanktionen gegen China (z.B. wegen der dort verfolgten Muslime) zwar nachvollziehbar aber UNREALISTISCH! Nachdem wir bereits mit Russland im Clinch liegen, wären wir wirtschaftlich völlig im Arsch, wenn wir uns jetzt auch noch mit Rotchina anlegen!

Es folgt eine Breitseite gegen Gerhard Schröder (der Name wird nicht genannt, aber man merkt, dass er gemeint ist), der aber immerhin versucht hat zwischen Deutschland und Russland zu vermitteln. Mögen ihn Strack-Zimmermann und die FDP deswegen nicht?

Dann kommen noch ein paar Standardfloskeln und nach der üblichen Behauptung man sei gegen "populistische Verdummung, demokratiefeindliche Propaganda, Fanatismus und Extremismus" ist dieses ziemlich inhaltsleere und unkonkrete Dokument endlich zu Ende.

Und nun meine Frage: Was haben Sie und Ihre Partei mit dem ganzen eigentlich bezweckt?

Was hat das alles gebracht? Da kommt doch nichts Sinnvolles bei heraus!

Fakt ist: Sie sitzen doch in der Regierung! Was Sie

davon wirklich wollen, könnten Sie doch bereits seit langem umgesetzt haben. Zum Teil haben Sie das ja auch und deswegen sieht unser Land ja auch so furchtbar aus.

War das Ganze nur eine PR-Aktion? Habe ich jetzt zwei Stunden meines Lebens beim lesen eines FDP-Dokuments verschwendet?

Ich fürchte ja...

Mit freundlichen Grüßen
Christian Schwochert

Nachtrag: Wie ich später herausfand, gibt es offenbar ein paar FDPler, die mit diesem ganzen Kram nicht einverstanden sind und mit ihrem „Weckruf Freiheit" etwas gegen die Zustände in Deutschland zu unternehmen versuchen. Darauf wird in diesem Buch auch noch eingegangen.

kontakt@freie-sachsen.info
Sehr geehrte Damen und Herren von den Freien Sachsen,

ich wollte mich einmal ganz herzlich für Ihre großartige Arbeit und Ihre hervorragenden patriotischen Aktionen bedanken. Ihre Proteste an der Grenze und die Grenzschutzaktionen dort waren ebenso wichtig und notwendig wie die darauf folgenden Demos in sächsischen Städten.
Weiter so!
Wie ich gehört habe, soll jetzt sogar die BILD-Zeitung gegen Sie hetzen. Tja, machen Sie sich nichts daraus; betrachten Sie es einfach als kostenlose Werbung für Ihre Arbeit.
Viel Erfolg weiterhin.

Mit freundlichen Grüßen
Christian Schwochert

Nachtrag: Die netten Leute von den Freien Sachsen antworteten noch am selben Tag. Sie bedankten sich für die Unterstützung und versicherten, dass sie sich nicht unterkriegen lassen und sich weiter für die Heimat engagieren werden.
Sympathische Menschen.

info@einprozent.de
Sehr geehrte Damen und Herren von EinProzent,

vielen Dank das Sie eine Solidaritätsaktion für Daniel Halemba durchführen.
Das ist dringend notwendig.
Es ist unfassbar, dass wir inzwischen in Deutschland schon wieder soweit sind, dass Menschen wegen Meinungsdelikten verfolgt werden. Jedenfalls nannte die AfD-Bayern auf twitter (bzw. X) das Ganze "Staatliche Repression gegen die demokratische Opposition in Bayern" und Stephan Protschka fiel dazu auf: "Die ganze Aufregung um meinen Kollegen #Halemba war mit Sicherheit von der #CSU und @Markus_Soeder politisch motiviert. Der jüngste Abgeordnete sitzt bei der Konstituierung beim Präsidium. Das wollten die Altparteien nicht. #AfD".
Roland Tichy bemerkte zu dem Thema ebenfalls auf X: "AfD-Abgeordneter wegen einer Weinflasche verhaftet und an der konstituierenden Sitzung des Landtags damit verhindert. Gleichzeitig ist die Polizei wehrlos auf den Straßen gegen die Hamas-Horden. wie paßt das zusammen?"
Es gibt also einige Leute, die merken was in diesem Staat schiefläuft.
Schön das auch Einprozent dazugehört und Widerstand gegen dieses Unrecht leistet.
Weiter so.

Mit freundlichen Grüßen
Christian Schwochert

redaktion@konkret-magazin.de
Sehr geehrte Damen und Herren,

vor Kurzem haben Sie in Ihrem Magazin ein Buch über die DDR-Autorin Brigitte Reimann empfohlen. Das Buch ist mir allerdings etwas zu teuer und mit seinen offenbar mehr als 700 Seiten (wenn ich das richtig gelesen habe) auch etwas zu dick. Zudem stand in Ihrer Rezension, dass der Autor doch sehr zu Abschweifungen neigt. Gut, dazu neige ich auch, aber für gewöhnlich nicht über etliche Seiten. Aber Sie haben mein Interesse für die Schriftstellerin Reimann geweckt. Zumal sie in der DDR gelebt und gewirkt hat. Ich denke, wir in der heutigen BRD können einiges von Frau Reimann lernen und ihren Büchern viel abgewinnen. Das gilt freilich nicht nur für sie, sondern generell für Menschen, welche die DDR erlebt haben. Auf jeden Fall danke dafür, dass Sie mich auf Frau Reimann aufmerksam gemacht haben. Ich werde mich demnächst ausführlicher mit ihren Werken befassen.

Mit freundlichen Grüßen
Christian Schwochert
Schriftsteller

B08031968@googlemail.com
Sehr geehrte Damen und Herren von Philosophia
Perennis,

ich wollte mich einmal für den Artikel "Wir sollten
uns alle angewöhnen, viel mehr querzudenken"
bedanken. Der Autor Frank Helbig hat da bei Ihnen
einen wirklich sehr guten Gastbeitrag geschrieben.
Gute Arbeit. Der Artikel ist super:
https://philosophia-perennis.com/2023/10/28/wir-
sollten-uns-alle-angewoehnen-viel-mehr-
querzudenken/
Sehr gelungen.
Der Autor schreibt darin: "Eine völlig entfesselte
Politik, flankiert von einer, ich muss es so sagen,
korrumpierten Justiz und einer gekauften Presse,
stempelten kritische Menschen mit unwahren
Behauptungen, gefälschten Statistiken, Angst- und
Panikkampagnen sowie Zwangsmaßnahmen aller
Art, zu Verschwörern, Leugnern und eben
Querdenkern, im negativen Sinne, ab. Sogenannte
Prominente erklärten Menschen, die sich dem
Unrecht entgegenstellten, zu asozialen Blinddärmen
der Gesellschaft. Zu Mördern von Oma und Opa und
noch vielen anderen sprachlichen Bösartigkeiten, die
an die dunkelsten Zeiten Deutschlands erinnerten."
Danke das wenigstens einer sich die Mühe macht
das Verhalten der Machthaber in Coronazeiten
einmal richtig kritisch zu beleuchten. Gut, andere
Autoren in anderen patriotischen Medien machen

das natürlich auch; ebenso wie einige patriotische Politiker. Aber im Groß des Systems vermisst man doch eine Aufarbeitung des Geschehenen.
Ich fürchte, von der Regierung ist keine Aufarbeitung zu erwarten; ebenso wenig von den etablierten Medien. Grund genug, dass das patriotische Lager verhindert, dass deren Verhalten in Vergessenheit gerät.
Danke für Ihren Beitrag gegen die Vergesslichkeit der etablierten Politiker.

Mit freundlichen Grüßen
Christian Schwochert

info@merkur.de
Sehr geehrte Damen und Herren vom Merkur,

ich habe Ihren Artikel über Daniel Halemba gelesen:
https://www.merkur.de/bayern/haftbefehl-soeder-
csu-koalition-afd-bayerischer-landtag-sitzung-
92641959.html
Und ich muss sagen, ich hätte mir darin etwas mehr
Objektivität gewünscht. Warum kommen nur die
politischen Gegner des Beschuldigten zu Wort? Und
überhaupt: Wie kann es sein, dass hier quasi Jagd
auf einen Menschen wegen eines Meinungsdeliktes
gemacht wird? Darum geht es nämlich bei
"Volksverhetzung"; um Meinungsdelikte. Mag ja
sein, dass diese Meinung totale Scheiße ist, aber
letzten Endes sind es nur Worte. Oder im Fall
Halemba eben irgendein Symbol. Um welches genau
es sich handeln soll, ist aus den Medienberichten ja
nicht ersichtlich.
Fakt ist aber, ich als Leser hätte mich gefreut, wenn
in Ihrem Artikel auch dem Anwalt von Daniel
Halemba und seiner Stellungnahme zu dem Thema
Raum eingeräumt worden wäre. Die
Anwaltsstellungnahme finden Sie übrigens hier:
https://www.kanzlei-mandic.de/eigene-
faelle/pressemitteilung-halemba/
Ich als Leser würde es sehr begrüßen, wenn Sie in
einem Artikel auch diese Seite der Geschichte
veröffentlichen würden.

Mit freundlichen Grüßen
Christian Schwochert

info@hapekerkeling.de
Sehr geehrter Herr Kerkeling,

mit großer Verwunderung habe ich Ihre Rede zu
Ehren von Frau Strack-Zimmermann zur Kenntnis
genommen. Finden Sie es nicht etwas bedenklich,
jemanden zu loben, der laut "Wikipedia" "die
Lieferung schwerer Waffen in die Ukraine"
begrüßt?: https://de.wikipedia.org/wiki/Marie-
Agnes_Strack-Zimmermann#Politische_Positionen
Weiter heißt es dort: "Wie dpa meldete, forderte
Strack-Zimmermann am 31. Mai 2022 im Interview
mit der Leiterin des RND-Hauptstadtbüros Eva
Quadbeck, dass die Bundeswehr neu ausgerichtet
werde mit einer konfrontativen Stellung gegenüber
Russland als Feindbild: 'Was wir brauchen – das
mag martialisch klingen – Sie brauchen, um aus
Sicht der Bundeswehr zu agieren, ein Feindbild'."
Mit anderen Worten: Wegen Leuten wie dieser
Dame von der FDP befinden wir uns quasi in einem
neuen kalten Krieg mit Russland, der jederzeit und
besonders angesichts der derzeit ausbrechenden
zusätzlichen Kriege zu einem heißen Krieg und
damit zu einem Atomkrieg werden kann!

Gut, natürlich könnten Sie Herr Kerkeling zu Recht
anführen, dass Russland ja die Ukraine überfallen
hat. Aber dabei wird übersehen, dass die Ukraine
zuvor acht Jahre lang Krieg gegen die beiden
Volksrepubliken im Osten führte; zwei mit Russland

verbündete Staaten, die durch die Anerkennung eines bereits existierenden Staates (nämlich Russland) zu legalen Staaten wurden. Denn ein Staat ist dann ein Staat wenn ihn ein bereits anerkannter Staat anerkennt. Es mag ein mieser Trick gewesen sein, aber die Gegenseite hat sich in den Jahren vorher auch nicht weniger mies verhalten. Schauen Sie sich die NATO-Osterweiterungen an oder das immer wieder gebrochene Minsker Abkommen oder den Putsch vor knapp zehn Jahren gegen den damaligen prorussischen Präsidenten in der Ukraine.

Sie denken vielleicht in diesem Krieg gäbe es gut und böse und damit haben Sie in gewisser Weise auch recht. Aber gut und böse finden sich nicht auf einer bestimmten Seite; gut und böse finden sich in ohnmächtig und mächtig wieder! Mächtig sind die hohen Herren in der Politik und ohnmächtig sind ihre Völker, die in dummen, sinnlosen Kriegen verheizt werden.
Leute wie Frau Strack-Zimmermann waren und sind jedenfalls bei diesem Krieg keine Hilfe; jedenfalls keine für Menschen, die wollen das dieser Krieg bald mit einem Friedensschluss endet!
Im Netz heißt es, der Krieg hätte bereits einen Monat nach Beginn beendet worden sein können, aber Boris Johnson hätte dem ukrainischen Präsidenten befohlen weiterzumachen. Ich weiß nicht wie viel da dran ist, aber zumindest bei der von Ihnen Herr Kerkeling gelobten Politikerin ist es

eindeutig, dass sie nicht für Frieden, sondern für Krieg ist.

Selbst das linke "Wikipedia" erklärte zu dieser Person: "Der Verein Lobbycontrol kritisierte die Mitgliedschaften beim Förderkreis Deutsches Heer und der Deutschen Gesellschaft für Wehrtechnik als mit dem Vorsitz im Verteidigungsausschuss schlecht vereinbar. Beide Organisationen hätten eine große Nähe zur Rüstungsindustrie, die damit einen direkten Zugang zum Parlament erhalte."

Wenn sogar die merken, dass da etwas im Argen ist und jemand wohl von mehr Aufrüstung (also auch mehr Krieg!) profitiert, dann sollte einem das zu denken geben! Warum haben Sie das in Ihrer Rede auf die FDPlerin nicht zur Sprache gebracht? Stattdessen haben Sie auf das Erstarken der AfD hingewiesen und meinten irgendwie, Staat und Gesellschaft hätten sich früher der "zersetzenden Kraft" der Gegner der Demokratie entgegenstellen müssen. "Wir haben unterschätzt, wie stark der Wille zur Zerstörung unserer freien Gesellschaft aufseiten der Gegner ist." Zwar müsse man auch andere Meinungen ertragen können. "Antisemitismus aber ist keine Meinung, sondern ein Angriff auf die Menschlichkeit", so Ihre Meinung. Komisch, denn auf AfD-Demos können Leute mit Kippa und Israelfahne problemlos mitmarschieren. Warum sieht man aber nie Leute mit Kippa und Israelfahne auf linken Demos? Ich habe jedenfalls noch keine gesehen!

Im Übrigen war es nicht die AfD, die Judenhass importiert hat. Schwulenhass hat sie auch nicht importiert. Vielleicht fragen Sie mal bei der Gruppe "Juden in der AfD" nach, wie diese Partei zu Juden steht? Und bezüglich Homosexueller können Sie ja sogar gleich die Parteichefin fragen.
Ich persönlich sehe die AfD sehr kritisch, aber dieses plumpe Herumgehacke auf der AfD ist keine Hilfe im Diskurs über die Zukunft unseres Landes. Ob die AfD es besser kann als die anderen Parteien wird sich nächstes Jahr womöglich in einem oder zwei ostdeutschen Bundesländern zeigen, wenn sie dort an die Regierung kommt.

Mit freundlichen Grüßen
Christian Schwochert

geschaeftsstelle@afdbayern.de
Sehr geehrte Damen und Herren von der AfD-
Bayern,

es ist ein Unding wie in einem offiziellen
Verlautbarungen zufolge demokratischen Rechtsstaat
ein Mensch wie Daniel Halemba wegen angeblicher
Meinungsdelikte verfolgt wird!
Hiermit solidarisiere ich mich offiziell mit dem
Verfolgten Herren. Ich hoffe, er und seine Familie
stehen das Ganze irgendwie durch.
Möge er sich nicht unterkriegen lassen.

Mit freundlichen Grüßen
Christian Schwochert

cduberlin@cdu.berlin
Sehr geehrte Damen und Herren von der CDU,

auf den Reihen Ihrer Partei wurde in den letzten
Wochen sehr viel angekündigt. Beispielsweise hieß
es von der Seite vieler Unionspolitiker, dass
Judenhasser konsequent abgeschoben werden sollen.

Dazu hätte ich eine Frage: Wie soll das gehen, wenn
es einen Winterabschiebestopp gibt?
Wird der Bürgermeister Ihrer Partei, der Kai
Wegner, dafür den Abschiebestopp außer Kraft
setzen?
Das würde mich sehr interessieren.

Mit freundlichen Grüßen
Christian Schwochert

shop@lyx-verlag.de
Sehr geehrte Damen und Herren vom LYX-Verlag,

wie ich gesehen habe, wird Ihre Webseite derzeit überarbeitet.
Wird dabei auch Ihr Buchsortiment überarbeitet? Und wenn ja, werden vielleicht auch die letzten beiden Romane der "Königin der Vampire"-Reihe rund um Betsy Taylor dann bei Ihnen veröffentlicht? Ich bin nämlich ein großer Fan der Romanreihe von Mary Janice Davidson und bedaure es sehr, dass die letzten beiden Bücher dieser großartigen, lustigen Reihe (die mir auch durch eine schwere Depression geholfen hat) irgendwie nicht auf deutsch erscheinen.
Was könnten die Gründe dafür sein? Haben sich die letzten Romane nicht so gut verkauft oder ist das Ende der Reihe der Autorin etwa misslungen?

Mit freundlichen Grüßen
Christian Schwochert

Nachtrag: Die Antwort des Verlages war höflich, aber enttäuschend. Die letzten beiden Bände bleiben leider unübersetzt. Schade.

info@seven.one
Sehr geehrte Damen und Herren von Pro7Maxx,

zunächst einmal danke ich Ihnen für Ihr großartiges Fernsehprogramm. Serien wie "One Piece" (wo die Weltregierung auf die Fresse bekommt) und "Detektiv Conan" (wo Kriminelle im Knast landen und nicht im Parlament und wo Polizisten echte Verbrecher verhaften, anstatt Oppositionelle zu jagen) finde ich einfach großartig.
Tolle Arbeit, dass Sie diese wunderbaren japanischen Serien senden.
Auch über die neuen Folgen von "Goblin Slayer" freue ich mich sehr; auch wenn sie leider ziemlich spät sind. Eine sehr kreative Idee von Ihnen, sie gleich nach der Weltpremiere auf japanisch mit deutschem Untertitel zu senden.
Was ich Sie fragen wollte: Könnte Ihr Sender vielleicht auch einmal "JoJo's Bizarre Adventure" und "Youjo Senki" bringen?
Beide Serien würden mich sehr interessieren.

Mit freundlichen Grüßen
Christian Schwochert

wisnewski@gerhard-wisnewski.de
Sehr geehrter Herr Wisnewski,

ich wollte Sie einmal auf den Fall Daniel Halemba aufmerksam machen. Der Fall ist mehr als seltsam. Da wird ein AfD-Politiker massiv wegen eines Meinungsdeliktes verfolgt; gleichzeitig wurden andere AfD-Politiker auch schon wegen derartiger Delikte verurteilt, jedoch fast immer zu Geld- oder Bewährungsstrafen!
Wieso wird gerade Halemba so verfolgt? Warum will man gerade ihn so fertigmachen? Ging es nur darum zu verhindern, dass er auf einem wichtigen Stuhl bei der Eröffnung des bayrischen Landtages teilnehmen sollte? Ist der BRD-Staat wirklich so kleinlich?
Oder steckt mehr dahinter? Wollte man verhindern, dass er als Abgeordneter Immunität bekommt? Selbst wenn, kann so eine Immunität doch eigentlich ohnehin wieder aufgehoben werden; was bei den Mehrheiten im bayrischen Landtag kein Problem sein sollte. Wozu also das Ganze?
Inzwischen ist Halemba Medienberichten zufolge unter Auflagen erstmal wieder frei. Halemba muss sich nun (Stand: 31.10.2023) einmal wöchentlich an seinem Wohnsitz Würzburg bei der Polizei melden, erklärte der Oberstaatsanwalt Thorsten Seebach gegenüber den Medien.
Es ist unfassbar, wie in unserem Land gegen Oppositionelle vorgegangen wird und die Mehrheit

der Menschen nimmt das stillschweigend hin; eine Minderheit freut sich sogar darüber, obwohl es mehr als bedenklich ist wenn jemand weggesperrt werden kann, nur weil auf irgendeiner Party angeblich eine Weinflasche zu sehen gewesen sein soll!
Derartiger Irrsinn kann im Prinzip jeden treffen; dieses System wird von Tag zu Tag unheimlicher! Vielleicht möchten Sie sich ja einmal mit dem Fall beschäftigen und eventuell ist er ja auch etwas für Ihr Jahrbuch.

Mit freundlichen Grüßen
Christian Schwochert

online@jungefreiheit.de
Sehr geehrte Damen und Herren von der Jungen
Freiheit,

vielen Dank für Ihre großartigen und aufklärerischen
Artikel. Heute, am Reformationstag konnte ich
wieder einmal dank Ihrer Zeitung eine Menge
interessante Dinge erfahren.
In manchen Dingen scheiden sich im patriotischen
Lager ja die Geister. Der Mann vom
"Vermietertagebuch" sieht das BILD-Mainfest als
eine Art Kriegserklärung an den Islam und meint,
die BILD bräuchte nun Polizeischutz. Sie hingegen
sagen unter "Die Feigheit ist das Hauptproblem",
dass dieses Manifest ein "zahnloses" ist. Leider ist
der Rest hinter einer Bezahlschranke, aber auch auf
mich wirkte einiges in dem Manifest recht zahnlos.
Gut von Ihnen ist auf jeden Fall, dass Sie in dem
Artikel "Bundesregierung veranlaßt hunderte
Leerflüge bei der Bundeswehr" aufgedeckt haben,
dass die "Flugbereitschaft der Bundeswehr" in
ungefähr "zwei Jahren mehr als 992 sogenannte
Leerflüge absolviert" hat. Demnach "haben die
Bundesminister die Hubschrauber und Flugzeuge
der Bundeswehr insgesamt 1184mal benutzt". So
viel zum Klimaschutz der Regierung, aber WIR
sollen auf's Fliegen (was ich mir sowieso nicht
leisten kann!) verzichten. Und auf Fleisch, auf
Kinder und vieles mehr. Hier zeigt sich wieder, dass
das ganze Klimaschutzgerede nur Verarsche ist, um

118

uns Deutsche zu Grunde zu richten!

Dann berichten Sie unter "FDP-Mitglieder wagen den Ampel-Aufstand" noch über den Pseudoaufstand der FDP. Einige FDPler haben in diesem "Weckruf" zwar wichtige Punkte angesprochen, aber am Ende wird da nichts Sinnvolles bei herauskommen. Denn es ist die FDP!

Und selbst wenn die (wenn ich richtig gezählt habe sind es) 26 Erstunterzeichner dieses in manchen Punkten durchaus sinnvollen Weckrufs es ehrlich meinen; es sind 26 aus einer 77.276 Mitglieder starken Partei. Wo bleiben die nächsten Unterschriften?

Und nichts gegen diese Leute; ehrenhaft das sie als Politiker erkannt haben das hier in Deutschland etwas gewaltig schief läuft, aber diese 26 Leute dürften dem Durchschnittsbürger kaum bekannt sein. Trotzdem gut das sie es wenigstens versuchen und erkannt haben in was für einer Scheiße wir dank der Ampelpolitik stecken. Dieser "Weckruf Freiheit" dürfte jedoch wenig Chancen auf Erfolg haben. Ich würde den ehrenhaften FDPlern empfehlen aus ihrer Partei auszutreten und was Eigenes anzufangen, denn die übrige FDP wird gewiss lieber weiter in der Koalition bleiben, da das mehr Geld und Posten einbringt.

Aber mal sehen was aus dieser Richtung noch kommt.

Auf jeden Fall danke das Sie von der Jungen Freiheit darüber berichtet haben; ansonsten hätte ich wohl nie davon erfahren.

Mit freundlichen Grüßen
Christian Schwochert
Sehr geehrte Frau Präses,

die vor kurzem veröffentlichte "Stellungnahme des
Rates der EKD zur Frage, ob und unter welchen
Voraussetzungen eine Regelung zum
Schwangerschaftsabbruch außerhalb des
Strafgesetzbuchs möglich ist" ist inakzeptabel und
muss zurückgenommen werden:

- In der Stellungnahme übernimmt der Rat der
  EKD weitgehend die ultra-liberale und vor
  allem antichristliche Abtreibungspolitik der
  Ampel-Regierung
- In der Stellungnahme werden Abtreibungen
  als Teil reproduktiven Rechte der Frau
  angesehen, wodurch das Recht auf Leben des
  ungeborenen Kindes völlig ausgeblendet
  wird.
- Die Frist für straffreie Abtreibungen soll von
  12 auf 22 Wochen erweitert werden.
- Der Paragraph 218 soll aus dem
  Strafgesetzbuch gestrichen werden, wodurch
  Abtreibungen keine rechtswidrigen
  Handlungen mehr sein sollen.

Die EKD-Stellungnahme schwächt den ohnehin

schon schwachen Schutz der ungeborenen Kinder in Deutschland. Es ist mir unverständlich, dass eine Kirche, die sich dem christlichen Menschenbild verpflichtet sehen sollte, in diesem Maße das Recht auf Leben von ungeborenen Menschen preisgibt.

Deshalb meine Forderung an Sie: Diese Stellungnahme der EKD zum Schwangerschaftsabbruch muss rückgängig gemacht werden.

Mit freundlichen Grüßen
Christian Schwochert

Alexander Merow

Die Antariksa-Saga

Grimzhag - Der Beginn

Der kleine Orkstamm der Mazauk lebt in den trostlosen Steppen des Nordens. Als die Orks wieder einmal einen besonders harten Winter vor sich haben, beschließen sie, im Süden bei den Menschen zu plündern, um sich Nahrung zu verschaffen. Grimzhag, der Sohn des Orkhäuptlings Morruk, begleitet die Krieger seines Stammes bei ihrem Raubzug nahe einer großen Karawanenstraße. Als die Orks den Händler Zaydan Shargut überfallen, macht dieser ihnen ein unerwartetes Angebot. Grimzhag und die anderen Krieger willigen ein, den Kaufmann bei seinen Plänen zu unterstützen. Doch dann stellt sich heraus, dass es ein schwerer Fehler war, Zaydan zu vertrauen. Eine

Reihe von Ereignissen mit katastrophalen Folgen nimmt ihren Lauf...

336 Seiten Lesevergnügen

Frank Kohlhaas lebt ein trostloses Leben als Leiharbeiter im Berlin des Jahres 2028. Eine neu eingerichtete Weltregierung herrscht über die gesamte Erde und hat ein perfides System totaler Überwachung aufgebaut. Als Frank eines Tages durch einen Konflikt am Arbeitsplatz auffällig wird, gerät er unverhofft in die Fänge des globalen Regimes. Seine Existenz als unbedeutender Bürger endet, als er im Zuge eines automatisierten Gerichtsverfahrens verurteilt wird. Gefangen in einer Hölle aus Angst und Gehirnwäsche verliert Frank bald die Hoffnung, bis das Unerwartete tatsächlich geschieht...

236 Seiten Lesevergnügen

Gesellschaftsformen, die ihren Zenit überschritten haben und die Menschen nicht mehr aus sich selbst  heraus überzeugen können, erkennt man daran, dass sie repressiver, alternativloser und regulativer daherkommen. Sie haben ihren Charme verloren, und der eigentliche Zweck jeder Form von Herrschaft, die Machterhaltung der sie tragenden Klasse, tritt deutlicher und ungeschminkter in den Vordergrund. Der Liberalismus gilt dieser Tage als besonders „alternativlos". Doch gibt es wirklich keine Alternativen zur „Herrschaft der Massen"? Wolfgang Bendel ist auf die Suche gegangen und wurde fündig. Er attestiert dem westlichen Liberalismus, seine Dekadenzphase längst erreicht zu haben, und wagt sodann den kühnen Versuch, eine denkbare Alternative aufzuzeigen: die

Aristokratie. In seiner erfrischend flott geschriebenen, gewagten Streitschrift ist sich Wolfgang Bendel mit Gabriel Matzneff einig: „Im Osten wie im Westen von unterschiedlichen, aber gleich hassenswerten Spielarten des Herdenlebens bedroht, hat die europäische Zivilisation eine Aristokratie niemals nötiger gehabt als heute."

96 Seiten Lesevergnügen

Tanja Krienen

KASPAR HAUSER

empört sich

Die fast wahre
Geschichte eines
Schlawiners

Zum Inhalt - Kaspar Hauser war nicht der, für den man ihn hält. Mehr war er ein bauernschlauer, nicht wirklich kluger Kopf, der überrascht feststellte, wie sein bisschen Getue in einem komplett irre gewordenen Umfeld auf fruchtbaren Boden fiel. Und da sind wir auch schon bei Greta. Lässt man sie durch Kaspar Hauser in ihren sehr Ähnlichen Milieus sprechen, so zeigt sich auf verblüffender Weise, wie sehr die Haltungen und das dramatische Spiel mit der Öffentlichkeit miteinander verwoben und auf das dasselbe Ziel ausgerichtet sind. Greta und Kaspar ähneln sich in vielerlei Facetten, betreten die Weltöffentlichkeit ohne Vorankündigung, bleiben ein Rätsel; der Erfolg basiert auf Rücksichtnahme der anderen, es umgibt sie ein Milieu der Gläubigen, ihr Wirken ist nicht nachprüfbar. Beide scheinen ohne Humor, sind gleichaltrig als sie bekannt werden und ein gebrochener und verschleierter Lebensweg ist die Grundlage ihres Wirkens. Dieses Buch soll in faktenhaltiger, komprimierter und literarischer Form, unterhaltsam und erkenntnisweckend, die Schaffung eines Mythos auf irrationaler Basis veranschaulichen und durch den implizierten Twist im Nachspann entzaubern. Es ist eine Flaschenpost, auf dass die Botschaft darin irgendwann, irgendwo, vom geneigten Leser gefunden wird.

100 Seiten Lesevergnügen

Yukio Mishima war Schriftsteller, Regisseur, Schauspieler, Poet, Aktivist, Traditionalist und Putschist. Der Comicroman zu seinem Leben, seiner Kunst, seiner idealisierten Weltsicht und seinem spektakulären Tod bietet die Möglichkeit mittels beeindruckender Zeichnungen und umfangreicher Begleittexte, das Werk und das Wollen dieser noch heute verehrten Legende zu entdecken.

212 Seiten Lesevergnügen

Tanja Krienen

Fackeln in der
Texte aus vier Jahrzehnten
Dämmerung

Der Herausgeber schreibt: Tanja Krienen – umstritten und streitbar. Das allein sind 2 Gründe ihr neues, fast 400 Seiten starkes Werk zur Hand zu nehmen. Die Politikerin, Publizistin und Aktivistin fasste vier Jahrzehnte zusammen und erlaubt Rückschlüsse auf das Weltenleben in der Zukunft. Krienen ist auch hier streitbar, hält ihre linke Gesichtshälfte – von DKP bis Linkspartei – und ihre rechte Wange – AFD – hin, während sie aufzeigt, wie sehr sich die Welt in 40 Jahren wandelte. Dabei müssen wir allerdings feststellen, dass die politische Menschheit in all diesen Jahren nichts gelernt hat. Für politische Querdenker ist das Buch ein Muss! Auch, nein gerade weil, man nicht immer mit der Krienen eins sein muss oder will. Es liefert Widersprüche und

131

Argumente, für ein Pro und ein Contra. Für mich ist „Fackeln in der Dämmerung" ein Grundlagenwerk, zur Findung eigener Positionen, zur Findung eigener Meinungen und zum Verstehen der politischen Fehltritte. Selbst die Aphorismen und Reimwerke bieten für diesen Prozess die Gelegenheit.

376 Seiten Lesevergnügen

Der Nordische Bund führt Beitrittsverhandlungen mit den skandinavischen Ländern, was der

Sowjetunion nicht verborgen bleibt. Finnland war es während des Großen Krieges gelungen, seine Unabhängigkeit zu erlangen – eine Tatsache, die dem sowjetischen Diktator Josef Stalin nicht gefiel. Also beschließt er, das östlichste skandinavische Land zu erobern, bevor es für die Sowjetunion durch den Bundesbeitritt für lange Zeit unerreichbar wird. Stalins Truppen fallen in die Grenzstadt Lappeenranta ein und versuchen von dort aus das ganze Land zu erobern. Offiziell rechtfertigt Stalin die Invasion damit, dass Finnland lange Zeit zum alten Russland gehörte und er es von den Weißgardisten befreien will. Tatsächlich geht es dabei aber ausschließlich um eine Erweiterung des sowjetischen Machtbereichs. Doch Stalin sieht sich im winterlichen Finnland tapferen Verteidigern gegenüber, die ihr heiliges Vaterland nicht dem Sowjetimperialismus überlassen wollen. Unterstützt werden die Finnen von ihren deutschen Verbündeten, die Kaiser Wilhelm III heimlich ins Land einsickern ließ. Die deutschen Truppen stehen unter dem Oberbefehl der bewährten deutschen Generalstäbler von Ludendorff und von Stetten. Unter dem direkten Kommando von Stettens kämpft ein junger Offizier namens Hans von Dankenfels …

192 Seiten Lesevergnügen

Während in Zentraleuropa der Nordische Bund für Frieden, Freiheit und Sicherheit sorgt, brodelt es am westlichen Rand des Kontinents. In Spanien bricht 1936 ein Bürgerkrieg aus. Verschiedene kommunistische Gruppen kämpfen gegen General Franco und seine Anhänger. Staaten wie England und die Sowjetunion entschließen sich, die Roten inoffiziell zu unterstützen, wohingegen das Deutsche Kaiserreich Soldaten nach Spanien schickt, um Franco zu helfen. Angeführt wird das deutsche Expeditionskorps von dem General der Kaiserlichen Schutztruppe Hans von Dankenfels. Aber Dankenfels ist nicht der einzige Angehörige einer fremden Macht, der am Kampf um Spaniens Befreiung vom Kommunismus teilnimmt. Der irische Patriot Eoin O'Duffy unterstützt von Großbritannien aus die Anhänger Francos, indem er das massive sowjetische Eingreifen in die Kämpfe sabotiert. Auf der anderen Seite schließt sich der englische Schriftsteller George Orwell den Gegnern Francos an. Zunächst hält er diese Entscheidung für eine gute Idee, bis er mit eigenen Augen sieht, wie sich seine neuen Kameraden gegenüber ihrem eigenen Volk verhalten. Kaiser Wilhelm III. ist klar, dass bei einer Niederlage Francos der Nordische Bund aus drei Himmelsrichtungen durch Kapitalismus und Kommunismus bedroht ist: im Südwesten durch Spanien, im Nordwesten durch das von der Hochfinanz kontrollierte Großbritannien, und im Osten durch die gigantische Sowjetunion. Spanien darf erst gar nicht zur Bedrohung werden, weshalb Wilhelm III. Männer der Kastrup in den Einsatz schickt.

192 Seiten Lesevergnügen

Zeitfracht Medien GmbH
Ferdinand-Jühlke-Straße 7
99095 Erfurt, Deutschland
produktsicherheit@kolibri360.de